Regula Heinzelmann
Die neuen Paare

Regula Heinzelmann

Die neuen Paare

Anleitung zur Polygamie

nymphenburger

Bildnachweis:
Abb. 5 mit freundlicher Genehmigung des mvg Verlags, München

Umschlaggestaltung: Volkmar Schwengle, BuW, Berlin
Umschlagbild: The Image Bank
Satz: Fotosatz Völkl, Puchheim
Gesetzt aus 11/13 Punkt Times
Druck und Binden: Wiener Verlag, Himberg
Printed in Austria
ISBN 3-485-00694-7

Inhalt

Bewußt mit mehreren Partnern leben

Während ich dieses Buch schreibe, habe ich das Gefühl, als hätte ich eine Expedition in ein bisher nicht-erforschtes Gebiet unternommen und sollte nun darüber berichten. Durch dieses Land führt eine gerade Straße, die an vielen Stellen eng und holprig ist: Das ist das Monogamie-Ideal. Links und rechts neben der Straße liegt die Vielfalt der Natur, die aber wie eine Wildnis wirkt. Diese ist ausnehmend faszinierend, und man kann unermeßliche Schätze entdecken. Trotzdem ziehen es viele Menschen vor, auf der engen Straße zu bleiben, auf der man durchaus auch begrenzte Entfaltungsmöglichkeiten hat: beispielsweise kann man zwischen verschiedenen Möglichkeiten des Zusammenlebens auswählen. Und doch ist der Spielraum sehr begrenzt, und der einzelne fühlt sich eingeschränkt. Deswegen wirkt die Freiheit auf fast alle Menschen irgendwann verlockend, und sie geraten in die Wildnis neben der Straße und dringen mehr oder weniger tief ein. Die meisten haben aber das Gefühl, daß sie sich verirrt hätten, und streben danach, möglichst rasch wieder hinauszukommen auf die ihnen bekannte Straße. Die wenigsten verlassen die Straße in dem Bewußtsein, daß sie ungeeignet und einschränkend ist. Noch weniger Menschen nehmen sich vor, das Gebiet neben der Straße zu erforschen. Und diese wenigen äußern sich meistens nur im privaten Kreis darüber, was sie in der unerforschten Natur erlebt haben. Ich habe in den Buchhandlungen nach Literatur zu dem Thema gesucht, aber kaum welche gefunden. Vorbilder, die sich in der Öffentlichkeit zum Leben mit mehreren Partnern bekennen, gibt es kaum. Das hat mich bewogen, dieses Buch zu schreiben.

9

Dieses Buch basiert vor allem auf eigener Erfahrung. Ich kann von mir sagen, daß ich bewußt in die Natur neben der Monogamie-Straße eingedrungen bin, mit dem Vorsatz, mein Leben dort zu verbringen. Ich bin ein freiheitsliebender Mensch, und eine monogame Zweierbeziehung habe ich nie angestrebt. Schon als ich ein junges Mädchen war und wenig erotische Erfahrung besaß, war mir klar, daß ich frei leben will. Dazu habe ich mich auch geäußert, was zu lebhaften Diskussionen mit Lehrern und Mitschülern führte, die meine Meinung häufig nicht teilten. Meine Familie hingegen hat diese immer respektiert und mich nie an einem freien Leben zu hindern versucht. Ich zitiere im folgenden einen Schulaufsatz aus dem Jahr 1975. Was ich damals geschrieben habe, hat meine Lebenserfahrung inzwischen voll bestätigt. Ich schrieb:»Die ewige *ausschließliche* Liebe halte ich für unmöglich und auch nicht für ein Ideal. Sie würde die betreffenden Menschen sehr einseitig machen ... Auch wenn ausschließliche Liebe nur beinhaltet, dem anderen sexuell treu zu sein, verliert man doch viele Möglichkeiten, andere Menschen zu lieben, und, weil man von jedem anders geliebt wird und jeden anders liebt, Möglichkeiten, verschiedene Arten von Liebe zu erleben. Deshalb sollte die Gesellschaft die sowieso nicht realistische Vorstellung von Treue, die man meistens in dem Satz ›Du liebst mich nicht, weil du den anderen liebst‹ ausdrücken könnte, aufgeben. Es ist einfach ein Vorurteil, daß man nur einen oder eine lieben kann – der Mensch müßte fragwürdig einseitig sein. Seltsamerweise bezieht sich in einer Gesellschaft, in der man den Körper lange dem Geist und der Seele untergeordnet hat, die Vorstellung von Treue auf den Körper. Ich glaube, daß es viel weniger Probleme geben würde, wenn man sich nicht einbildete, das

10

geliebte Wesen müßte einem treu sein. Man sollte eher daran denken, daß man dieses Wesen durch die geforderte Treue zur Einseitigkeit zwingt und man sich (anderenfalls) indirekt aneignet, was es sich angeeignet hat.«

Meinen Vorsatz von damals habe ich ausgeführt. Ich habe das Land neben der Straße durchstreift und bin tief eingedrungen. In dem freien Land habe ich wundervolle Erlebnisse gehabt und große Schätze gefunden. Allerdings bin ich auch Gefahren und Irrwegen begegnet oder habe solche zumindest aus der Ferne gesehen. Dabei habe ich gelernt, daß man in der Freiheit nicht plan- und ziellos leben kann und daß Disziplin unerläßlich ist. Wer in Freiheit leben will, muß sich darüber klarwerden, was er will und was nicht. Es gibt kaum vorgegebene Straßen, Wegweiser oder Vorbilder, höchstens Orientierungsmöglichkeiten und Fixpunkte. Jeder muß seinen eigenen Weg finden, eigene Regeln und Maßstäbe aufstellen und sich dann danach verhalten.

Am Anfang meines Liebeslebens war ich allein und ungebunden und traf in der Wildnis nur gelegentlich auf Gleichgesinnte. Mit den Jahren habe ich Gefährten gefunden, die ebenfalls die Freiheit der holprigen Straße vorziehen. Andere begleiteten mich eine Strecke, doch zog es sie dann wieder zurück zu der sicheren Straße. Meine jetzigen Beziehungen bestehen teilweise seit Jahren. Andere sind neu und vielversprechend. Ich wünschte, daß alle Menschen so positive und anregende Partnerschaften hätten wie ich, und bin überzeugt, daß die Welt dann sehr viel harmonischer wäre.

Das Leben mit mehreren Partnern bietet ungeahnte Möglichkeiten! Man muß nur versuchen, sich jenseits des Monogamie-Ideals zu orientieren. Patentrezepte gibt es dabei jedoch nicht. Wie schon erwähnt, muß jeder in einem freien Leben seine eigenen Wege suchen und eigene Maßstäbe erarbeiten. Ich kann nur darstellen, wie und mit welchen Methoden man sie findet, wie man Schwierigkeiten vermeidet und bewältigen kann. Der Leser muß seine eigenen Schlüsse daraus ziehen, was ein hartes Stück Arbeit sein kann. Deswegen möchte ich jeden einzelnen dazu anregen, aktiv über sein eigenes Leben nachzudenken und dieses zu analysieren. Dabei sind der Phantasie keine Grenzen gesetzt.

Ich danke allen Menschen, die mir Anregungen zu diesem Thema gegeben haben. Ich widme dieses Buch meinem Lebensgefährten und Mitstreiter, dem Maler und Bildhauer Albert Willen. Mit ihm führe ich seit zehn Jahren eine optimale Beziehung nach dem Konzept dieses Buches. Er hat schon vor Jahrzehnten in Bildern Ähnliches ausgedrückt, was ich heute mit Worten zu beschreiben versuche.

Regula Heinzelmann

Monogamie funktioniert nicht!

Offene Partnerschaft oder Zweierbeziehung

Hans ist bei seinem Freund Markus zu Besuch. »Ich bin allein, wir können uns einen gemütlichen Abend machen«, hatte Markus gesagt. Man trinkt ein Bier, und bald fragt Hans, wo denn Markus' Frau Ingrid sei. »Sie ist bei ihrem Freund«, antwortet Markus. Hans ist schockiert. »Ja, was ist denn los? Habt ihr Krach? Ihr habt doch immer eine gute Ehe geführt.« – »Das tun wir immer noch. Im Gegenteil, seit Ingrid ihren Freund hat, ist unsere Beziehung noch besser geworden.« Hans ist bestürzt: »Das verstehe ich nicht.« Markus versucht, ihm die Situation zu erklären. Ingrid und er hatten immer eine gute Beziehung. Allerdings hatte sie in den letzten Jahren an Schwung verloren. Besonders seit die Kinder aus dem Haus sind, fühlte Ingrid sich unzufrieden, irgendwie leer, wie sie sagte. Sie suchte sich einen Teilzeitjob. Markus erzählt: »Nach einiger Zeit habe ich gemerkt, daß sie sich verändert hatte. Sie war viel lebhafter und interessierter. Auch sexuell war sie viel zugänglicher, mehr als jemals zuvor. Ich war erstaunt. Zuerst glaubte ich, daß das eine Folge ihrer Arbeit sei. Dann aber kam ich dahinter, daß sie einen Freund hat. Ich sprach mit ihr, und sie gab auch sofort alles zu. Dann fragte ich sie, ob sie sich deswegen so verändert habe, und sie meinte, daß das wahrscheinlich schon so sei. Ich habe dann nachgedacht, und mir überlegt, daß diese Freundschaft ihr offensichtlich etwas gibt, das ich ihr nicht oder nicht mehr geben kann.« – »Und dann? Hast du sie dann einfach machen lassen?« fragt Hans. »Ich habe mir gedacht, wenn diese Beziehung ihr so guttut und sogar positive Auswirkungen auf unsere Ehe hat, soll sie sie doch ruhig weiterführen.« Hans meint, daß er selbst das wohl kaum fertigbringen würde. »Bist du denn nicht eifersüchtig?« – »Am Anfang schon ein wenig. Aber ich war noch nie der Meinung, daß Ingrid mein Eigentum ist. Außerdem liebe ich sie. Wenn sie glücklich ist, bin ich es auch. Was hätte ich davon, wenn ich ihre neue Beziehung zerstören würde, die offensichtlich wertvoll für sie ist. Wenn man jemanden liebt, darf man nicht etwas zerstören, das ihm wichtig ist.« – »Das klingt ja alles sehr edel. Aber ich bezweifle, daß das auf Dauer funktioniert. Wenn Ingrid sich nun immer mehr engagiert für ihren Freund, und ganz zu ihm ziehen will?« – »Das wird sie nicht. Sie hat mir deutlich erklärt, daß ich als Ehemann und Vater ihrer Kinder Priorität habe und sie eher ihren Freund verlassen würde als mich. Diese Einstellung habe ich auch. Wenn ich eine Freundin hätte, ginge Ingrid vor.« Hans würde sich in dieser Situation schnell eine Freundin suchen: »Dann kommen die Frauen normalerweise schnell zur Besinnung.« – »Also wäre das Motiv Rache oder Taktik«, meint Markus, »das finde ich kindisch. Wenn ich eine Freundin hätte, dann, weil diese mir gefällt, und nicht, um Ingrid zu beeindrucken.« – »Nun, Rache ist vielleicht schon nicht das richtige«, gibt Hans zu. »Aber noch eine Frage: Was sagen eure Kinder dazu?« – »Die waren am Anfang etwas schockiert. Vor allem fürchteten sie, daß Ingrids Verhältnis zu einer Scheidung führen könnte. Aber dann haben wir diskutiert, und ich habe ihnen gesagt: Wir lassen euch euer Leben führen, wie ihr wollt, und wir erwarten von euch, daß ihr unser Leben respektiert. Das haben sie rasch eingesehen.«

Trotz Markus' Argumenten hat Hans immer noch Bedenken gegen die offene Ehe. »Ihr seid gute Freunde, so daß es mir leid täte, wenn eure Ehe scheitern würde. Solche offenen Partnerschaften laufen doch fast immer schief.« – »Ja, das behauptet man immer«, meint Markus. »Und keiner bedenkt, daß die monogamen Beziehungen auch nicht durchgehalten werden und oft genug mit Scheidung enden. Die meisten Menschen haben neben einer festen Partnerschaft noch weitere mehr oder weniger lange sexuelle Beziehungen. Man muß ja nur die Statistiken ansehen.« – »Ja, die Gesellschaft zerfällt, das stimmt leider.« – »So extrem würde ich das nicht sehen. Beispielsweise hatte ich früher auch das Bestreben, so monogam wie möglich zu sein«, antwortet Markus. »Mal ein Seitensprung, das kam schon vor, aber mehr nicht. Heute bezweifle ich ernsthaft, daß die Monogamie der menschlichen Natur entspricht. Jedenfalls funktioniert sie nicht. Und sie hat noch nie funktioniert, das kann man in jedem Geschichtsbuch nachlesen. Und wenn man das nicht wahrhaben will, kommt es eben zu Scheidungen und sonstigen Problemen. Es gibt ja keine Alternativmodelle.« – »Ich glaube, daß die meisten Menschen die Monogamie wollen.« – »Das stimmt«, bestätigt Markus. »Gemäß Statistik strebt die Mehrheit der Bevölkerung die Monogamie an, aber dieselbe Mehrheit verhält sich nicht dementsprechend.« – »Ja, ja, der Geist ist willig, aber das Fleisch schwach.« – »Und dann gibt's noch die Leute, die zwar monogame Partnerschaften haben, aber nur kurze und eine nach der anderen. Die leben eigentlich nicht monogam, sondern in sukzessiver Polygamie.« – »Sukzessive Polygamie, was soll denn das heißen?« fragt Hans. – »Wie gesagt, daß man mehrere Partner hat, aber hintereinander.« – »Das ist doch aber normal. Man beschränkt sich doch nicht auf eine im Leben. Das kann man doch nicht Polygamie nennen. Bei dem Wort denke ich an Vielweiberei und Harems.« – »Polygamie ist ein neutraler Ausdruck und für beide Geschlechter anwendbar«, erklärt Markus. »Vielweiberei heißt eigentlich Polygynie und Vielmännerei Polyandrie – das gibt's auch, in Tibet heiraten die Frauen bis zu vier Männern. Das ist die simultane Polygamie, also mehrere Partner gleichzeitig.« – »Nun ja, daß Männer mehrere Frauen haben, das leuchtet ja noch ein. Aber Frauen mit mehreren Männern?« – »In der Geschichte gab es beides. Es soll matriarchalische Kulturen gegeben haben, in denen Frauen alle Freiheiten hatten und die Männer keine. Heute ist bewiesen, daß auch Frauen einen starken Sexualtrieb haben können.« – »Das kann ja sein, ich habe darüber noch nicht nachgedacht. Jedenfalls bin ich trotzdem für Monogamie. Beispielsweise meine Frau und ich sind glücklich in unserer monogamen Beziehung. Treue bedeutet uns viel. Trotzdem sind unsere sexuellen Beziehungen keineswegs langweilig.« – »Das ist ja in Ordnung. Jeder soll so leben, wie er es für richtig hält«, meint Markus. Hans und Markus können noch lange diskutieren. Das Thema Monogamie oder Polygamie hat viele Aspekte, und es gibt viele Fragen zu beantworten. Die vorherrschende Frage jedoch lautet: Was ist Polygamie überhaupt? Wie das Gespräch zwischen Hans und Markus gezeigt hat, kann man den Begriff Polygamie unterschiedlich auffassen. Die folgende Definition ist nur eine unter anderen und bietet die Grundlage des in diesem Buch beschriebenen Polygamie-Modells: Männer und Frauen haben gleichzeitig mehrere Partnerschaften, die intensiv und dauerhaft sind. Die einzelnen Beziehungen müssen nicht lebenslang dauern, gelten aber als verbindlich. Stabilität aller Beziehungen wird angestrebt. Wenn sie aufgelöst werden, dann aus

ernsthaften Gründen. Flüchtige Beziehungen kommen gelegentlich vor, werden aber im Prinzip nicht gesucht.
Auch der Begriff Monogamie hat verschiedene Bedeutungen, von der lebenslangen, auf einen Partner fixierten Beziehung bis hin zu mehreren aufeinanderfolgenden sexuellen Beziehungen, die jeweils auf einen Partner fixiert sind. Eine sinnvolle Definition ist folgende: Monogamie ist die ausschließliche sexuelle Beziehung zu einem Partner, die längerfristig geplant ist, aber nicht ein Leben lang dauern muß. In diesem Sinn wird der Begriff Monogamie im folgenden gebraucht.
Unter den vielen weiteren Fragen, die man in bezug auf Polygamie behandeln muß, sind folgende besonders wichtig:

- Wie kann man mit mehreren Partnern leben, ohne daß ein Chaos entsteht?
- Wie kann man mit den Gefühlen, die man für verschiedene Partner hat, klarkommen?
- Wie kann man neue Partnerschaften ins Leben einordnen? Wie organisiert man das in der Praxis?
- Wie geht man um mit Problemen?
- Was bedeutet Polygamie für Männer und für Frauen?
- Wie kann man erreichen, daß die Polygamie in der Gesellschaft ebenso akzeptiert wird wie die Monogamie?

Die zwiespältige Mehrheit

Seit Jahrtausenden verfolgt die Menschheit das Ideal der Monogamie. Die monogame Beziehung oder Ehe wird immer wieder als höchste Stufe der menschlichen Erotik angesehen. Viele Menschen unternehmen geradezu verzweifelte Anstrengungen, um diesem Ideal gerecht zu werden. Hinzu kommt, daß die Monogamie gesellschaftlich und oft auch religiös untermauert ist. Im Namen des Ideals wird auch destruktives Verhalten sanktioniert, so das Zerstören von Beziehungen oder gesellschaftliche Ächtung von Menschen, die mehrere Beziehungen haben. Erzwungene Monogamie hat deshalb schon sehr viel Leid zur Folge gehabt. Es ist eine historische Tatsache, daß Monogamie noch nie allgemein durchgesetzt werden konnte, nicht einmal unter Zwang.

Heute haben die meisten Menschen zumindest kurze sexuelle Beziehungen außerhalb der Lebenspartnerschaft oder leben irgendwann mit zwei oder mehreren Partnern. Andererseits sagen die meisten Menschen von sich, daß sie die monogame Zweierbeziehung anstreben und das auch von ihrem Partner erwarten. Die Monogamie gilt nach wie vor als Ideal, das aber nicht der Realität entspricht. Diese Aussage wird von Statistiken belegt. Im Hite-Report »Das sexuelle Erleben des Mannes« von 1991 heißt es: »72 Prozent der seit zwei und mehr Jahren verheirateten Männer hatten sich außerhalb der Ehe sexuell betätigt. Die überwältigende Mehrheit der Männer ließ ihre Frauen nichts davon wissen, zumindest nicht zu der fraglichen Zeit ... Einige Männer führten eine ›offene Ehe‹ ...« Darunter versteht man eine Ehe, in der die Partner vorher vereinbart haben, daß der andere externe sexuelle Beziehungen haben dürfe. Der Zeitschrift »Cosmopolitan« konnte man im Dezember 1992 entnehmen, daß nach amerikanischen Schätzungen 70 Prozent aller Ehemänner im Laufe ihrer Ehe fremdgingen; aber 75 bis 85 Prozent von ihnen wollten deswegen nicht ihre Ehefrau verlassen.

Interessante Statistiken findet man auch in dem Buch »Eine Affäre in Ehren oder Warum Frauen Verhältnisse haben« von Ingrid Füller. Zitiert werden psychologische Studien aus den achtziger Jahren: »72 Prozent aller Verheirateten im deutschsprachigen Raum gehen mindestens einmal während der Ehe fremd. 58 Prozent der Frauen und 70 Prozent der Männer in Deutschland sind ihrem Partner untreu. In 50 Prozent der amerikanischen Familien kommen Seitensprünge und heimliche Liebesbeziehungen vor. Jede achte Engländerin hatte eine Affäre mit einem verheirateten Mann. 66 Prozent aller Italienerinnen gehen fremd; demgegenüber 32 Prozent der Männer ...« Ingrid Füller zitiert außerdem eine Befragung unter Westberliner Studentinnen und Studenten, die den Trend zu länger dauernden Beziehungen, auch Zweitbeziehungen, zeigt (als Grund dafür wird die Aids-Gefahr genannt).

Das Allensbacher Institut ermittelte in einer repräsentativen Umfrage über die privaten Lebensziele, daß die Treue für 73 Prozent der Befragten den ersten Platz einnimmt. »In den Vereinigten Staaten bekennen sich laut Statistik sogar 85 Prozent der Bevölkerung zum Ideal der lebenslangen Treue.« Dieses Treueideal muß allerdings nicht mehr in der Ehe verwirklicht werden. »Bild Stuttgart« meldete im Januar 1993: »Die Ehe ist out: Nur jeder zweite Deutsche (47 Prozent der Männer, 53 Prozent der Frauen) hält die Ehe ›bis der Tod euch scheidet‹ für zeitgemäß. Bei den 20- bis 27jährigen sind es sogar nur 27 Prozent. Sample-Umfrage.«

Diese Statistiken zeigen, daß die Mehrheit der Bevölkerung zur Monogamie bzw. zur Polygamie eine zwiespältige Haltung einnimmt. Das hat Auswirkungen auf das Verhalten der Einzelpersonen. Einerseits könnte jeder, der mehrere Beziehungen hat oder auch nur einen Seitensprung begeht, selbstbewußt argumentieren, daß er der Mehrheit angehöre. Doch macht das kaum einer, weil dieselbe Mehrheit sich zum Ideal der Monogamie bekennt. Entspricht man diesem Ideal nicht, bedauert man es nach dem Motto: »Der Geist ist willig, aber das Fleisch ist schwach.« Die Mehrheit der Bevölkerung verleugnet sich selbst. Dies zwingt den einzelnen dazu, sein scheinbar abweichendes und verpöntes Verhalten vor der Öffentlichkeit zu verstecken. Die Zweierbeziehung als solche wird in der europäisch/amerikanischen Gesellschaft kaum jemals in Frage gestellt. (In anderen Kulturen, z. B. in islamischen Ländern, ist das natürlich anders, diese müßten jedoch gesondert betrachtet werden.)

Was wäre naheliegender, als endlich das Ideal der Monogamie aufzugeben? Ein Ideal, das die Mehrheit nicht befolgen kann oder will und das sich seit Jahrtausenden als undurchführbar erweist, entspricht doch ganz offensichtlich nicht der menschlichen Natur.

Die tyrannischen Tendenzen der Monogamie-Ideologen

Solche Zwiespältigkeit ist ein idealer Nährboden für Diktaturen und diktatorische Tendenzen. Die Monogamie-Ideologen schrecken nicht davor zurück, solche auch anzuwenden. Mit dem Begriff Monogamie-Ideologen meine ich nicht die Menschen, die monogam leben und die entsprechenden Meinungen auch in der Öffentlichkeit vertreten. Monogamie-Ideologen sind diejenigen, die anderen ihr Modell aufzwingen wollen und sich nicht scheuen, die

20

polygame Mehrheit zu diffamieren. Solche Personen befinden sich oft in öffentlichen Ämtern, die von Steuergeldern finanziert werden. Natürlich sind auch Kirchenvertreter unter ihnen. Das Monogamie-Ideal ist eng mit der christlichen Religion verbunden, und natürlich müssen Kirchenvertreter sich entsprechend äußern. Trotzdem sollten gerade sie realisieren, daß die Mehrheit sich nicht monogam verhält, und deshalb zurückhaltend sein und keine negativen Pauschalurteile fällen wie beispielsweise: »Alle Ehebrecher sind Sünder.« Ganz abgesehen davon, daß selbst Jesus im Zusammenhang mit Ehebruch gesagt hat: »Wer nie gesündigt hat, der werfe den ersten Stein.«
Natürlich ist das Phänomen keineswegs neu, daß eine Minderheit die Mehrheit schlechtmacht und unterdrückt. Dies ist im Gegenteil ein fast alltäglich stattfindender Prozeß, der doch immer wieder Erstaunen hervorruft. Normalerweise werden in solchen Fällen Minderheiten noch härter behandelt als die Mehrheit. In der heutigen Gesellschaft zeigt sich jedoch der umgekehrte Fall: Die Mehrheit wird hart behandelt, während viele extreme Minderheiten toleriert werden und sogar Vorrechte genießen. Besonders zwiespältig verhalten sich hierbei die Medien: In der Boulevardpresse wimmelt es von nackten Mädchen und Anleitungen zu einem flotten Sexualleben. Außerdem setzen sich gerade die Medien immer wieder für extreme und asoziale Minderheiten ein. Aber wehe, wenn eine prominente Persönlichkeit sich nicht an die Monogamie-Ideologie hält. Dann schreckt man vor gar nichts zurück. Da wird bespitzelt, heimlich fotografiert, Telefone werden abgehört usw. – eine ganze Palette von Praktiken, die in Diktaturen üblich sind! Das Ganze wird dann publiziert und gut vermarktet. Prominentes Beispiel: das englische Königshaus.

21

Natürlich besteht der Skandal nicht darin, daß seine Mitglieder außereheliche Beziehungen haben. Der Skandal ist, daß diese auf widerlichste Weise ausfindig gemacht und ausgeschlachtet werden, wie beispielsweise das Telefongespräch zwischen Charles und Camilla. Das geht die Öffentlichkeit wirklich nichts an! Prinz Charles müßte sich dafür einsetzen, daß solche Bespitzelungsmethoden ab sofort verboten werden. Es ist unbedingt notwendig, international für einen wirksamen Schutz des Privatlebens zu kämpfen. Man muß energisch dafür sorgen, daß das wertvolle Gut der Pressefreiheit nicht auf solche Art mißbraucht wird.

Ein Beispiel: Eine Sammlung von Argumenten und Vorurteilen gegen die Polygamie kann man im Buch von Rudolf Oberrauter »Die Honigfalle der Liebe. Das Janusgesicht des Seitensprungs« finden. Der Autor war langjähriger Leiter einer Sozialbehörde sowie Dozent in der Aus- und Fortbildung von Sozialpädagogen. Daß er für Monogamie plädiert, ist sein gutes Recht. Die Frage ist nur, wie er dies tut. Er erhebt den Anspruch, nicht zu moralisieren. Das Buch ist in populärwissenschaftlichem Stil geschrieben. Trotzdem ist es leider voll von Beleidigungen der Menschen, die anders denken und handeln als er.

Oberrauter charakterisiert die »Seitenspringer«, die er übrigens gern als »Ein- und Ausschleicher« bezeichnet, als ausbeuterisch, marktorientiert, hamsterorientiert, rezeptiv, hysterisch, zwanghaft oder gar schizoid. »In der Lebenspraxis mischen sich selbstredend diese Typisierungen miteinander und sind von jeweils unterschiedlicher Ausprägung.« Somit ergeben sich nach Oberrauter folgende Archetypen von Seitenspringern: der Maul- und Frauenheld (MuF), der Möchtegern-Frauenheld (MöF), die Manneszerstörerin

(MaZ), die Möchtegern-Geliebte (MöG). Über Seitensprünge wird folgendermaßen geurteilt: »Feig und fesch,
faul und frech, falsch und frömmelnd« oder »Umfang und
Tiefe dieses Vorganges können einprägsam mit ›fünf B‹
und ›fünf V‹ verbal umrissen werden. Der Seitenspringer
belügt, betrügt, bestiehlt, beutet aus und beleidigt seinen
Lebenspartner. Um dies zu ermöglichen verharmlost und
vernebelt (tarnt und täuscht) er die Situation. Zudem ver-
fremdet und verurteilt er den Betrogenen (den er meist
auch noch zum Alleinschuldigen erklärt) und verrät die eigene Lebensbeziehung.« Demnach bestünde die Mehrheit
unserer erwachsenen Bevölkerung aus ausbeuterischen,
lügnerischen, stehlenden, beleidigenden Verrätern.
Der Autor weiß natürlich genau, daß er über eine Mehrheit schreibt, er selbst zitiert entsprechende Statistiken.
Um das von ihm so negativ beurteilte Verhalten dieser
Mehrheit zu erklären, greift der Autor zu einem Trick. Er
behauptet, die Mehrheit der Bevölkerung sei krank. Im
Kapitel »Der Seitenspringer zwischen krank machender
Norm(alität) und Krankheit« schreibt er: »Da wir gegen-
wärtig allesamt in einer physisch und psychisch krank ma-
chenden Zivilisation leben, dürfen wir auch diesen von der
Allgemeinheit verdrängten und tabuisierten Aspekt bei
der Vorstellung der Seitenspringer und ihrer betrogenen
Gegenspieler nicht außer acht lassen ...« Und Oberrauter
fügt hinzu: »Bestätigt wird diese Ansicht durch kritische
Expertenschätzungen, die jenseits üblicher Verharmlo-
sungstaktik davon ausgehen, daß bis zu 40 Prozent unserer
Bevölkerung im Laufe ihres Lebens mit ernsthaften psychischen Störungen zu kämpfen haben. Dieser realistischen Einschätzung entspricht die jüngste Studie des re-
nommierten Max-Planck-Institutes für Psychiatrie in Mün-

chen, die von 25 Prozent Bundesbürgern spricht, die im Laufe ihres Lebens psychisch erkranken.« Hier werden also Menschen, die sich nicht nach den Vorstellungen der Monogamie-Ideologen verhalten, kurzerhand und willkürlich für krank erklärt. Erinnert dies nicht stark an Diffamierungspraktiken in Diktaturen?

Wer es wagen würde, solches über eine Minderheit zu publizieren, käme in Teufels Küche, und das nicht zu knapp. Der Autor würde wahrscheinlich selbst zetermordio schreien. Natürlich wurden solche Diffamierungen gelegentlich kritisiert, die Mehrheit im deutschen Sprachgebiet läßt sich jedoch so etwas schweigend gefallen, jedenfalls vorläufig noch. Natürlich hat auch die Mehrheit nicht immer recht, wer hat das schon! Gerade in der Monogamie-Frage verhält sich die Mehrheit, wie schon erwähnt, widersprüchlich. Aber das berechtigt niemanden zu abschätzigen Urteilen. Notwendig wären sachliche Analysen und vor allem konstruktive Vorschläge.

Oberrauter ist keineswegs der einzige, der die polygame Mehrheit als krank klassifiziert. Auch einige prominente Psychologen schlagen in dieselbe Kerbe. Konrad Lorenz in »Der Abbau des Menschlichen«: »Wir sind mit Erich Fromm der Meinung, daß nur ein völlig abwegig veranlagter Mensch unter den Lebenszwängen der heutigen Zivilisation schweren psychologischen Störungen entgehen kann.« Auch Frederic S. Perls, der Begründer der Gestalttherapie, sieht in »Das Ich, der Hunger und die Aggression« die Mehrheit der Menschen als krank an: »Ich bin der Meinung, daß die Grundform der Persönlichkeit heute die neurotische ist.« Rosmarie Welter-Enderlin schreibt in ihrem Buch »Paare, Leidenschaft und lange Weile – Männer und Frauen in Zeiten des Übergangs«: »Ein amerikani-

24

scher Psychiater (Frank Pittman) nahm sich des Themas und dessen moralischer und psychologischer Dimension an und wurde damit über Nacht zum Fernsehstar. Er klassifizierte außereheliche Beziehungen als ›versteckte Psychosen‹ beziehungsweise als Ausdruck von ›latenter Depression‹, ... Das heißt zur Zeit wären etwa die Hälfte der verheirateten amerikanischen Frauen und Männer latent psychotisch.« Immerhin wurden diese Ideen auch kritisiert, zumindest von Paartherapeutinnen und -therapeuten.

Aggressive Monogamie-Ideologen werden es natürlich als Indiz dafür ansehen, daß die Mehrheit unrecht hat, wenn diese zu ihren abwertenden Urteilen schweigt. Es wird ihnen vorkommen wie das Schweigen eines ungezogenen Kindes. Allerdings betrifft das Problem erwachsene Menschen, die in der Regel im Vollbesitz ihrer geistigen Fähigkeiten sind, staatsbürgerliche Rechte haben und einem Beruf nachgehen. Somit beeinflussen sie als Mehrheit die gesellschaftlichen, wirtschaftlichen und politischen Strukturen. Mehr noch, diese »kranke, ausbeuterische und verräterische« Bevölkerungsmehrheit zahlt Steuern, finanziert Ausbildungen und sichert den Wohlstand – und zwar auch den der diffamierenden Monogamie-Ideologen! Diese sägen kräftig an dem Ast, auf dem sie sitzen. Welchen konstruktiven Beitrag werden sie leisten, wenn die polygame Mehrheit sich nicht länger selbst verleugnet? Die Monogamie-Ideologen in öffentlichen Ämtern werden bekanntlich von den Steuerzahlern finanziert. Diese sind nun gefordert, diktatorische Tendenzen energisch zu bekämpfen. Auch hier gilt: »Wehret den Anfängen!« Die Bevölkerung sollte es sich nicht länger gefallen lassen, von sogenannten Wissenschaftlern, Lehrern oder Kirchenvertretern als »krank« oder »sündhaft« bezeichnet zu werden.

Polygamie und Politik

Der folgende Dialog zeigt, wie absurd und bedenklich Diffamierungen der polygamen Mehrheit sind. M ist ein aggressiver Monogamie-Ideologe, P ein Anhänger der Polygamie.

P: Sie behaupten, daß die Mehrheit der Bevölkerung zur Monogamie nicht fähig, also krank, ausbeuterisch und lügnerisch sei. Dann würde mich interessieren, für welches politische System Sie sind?

M: Natürlich für Demokratie. (So wird M in den meisten Fällen antworten.)

P: Dann trauen Sie dieser kranken, ausbeuterischen und lügnerischen Mehrheit also zu, ein Parlament zu wählen?

M: Das hat doch nichts mit dem Sexualleben zu tun.

P: Dann formulieren wir es umgekehrt. Sie trauen der kranken Mehrheit zu, ihr Parlament zu wählen, wovon die Situation des Landes abhängen wird. Aber dieselbe Mehrheit soll nicht fähig sein, selbstverantwortlich über ihr Privatleben zu entscheiden?

M: Sie vergleichen Äpfel mit Birnen.

P: Sie meinen also, daß ein Mensch, der im Bett krank ist, es an der Wahlurne nicht sei?

M: Nun ja, ich gebe zu, problematisch ist das schon. (Normalerweise wird M das nicht so rasch eingestehen. Aber hier soll das Thema nicht ausgewalzt werden.)

P: Nun, dann sind Sie inkonsequent, wenn Sie sich als Demokrat bezeichnen. Sie müßten eigentlich für eine starke Führung sein.

M: Eigentlich hätte diese Bevölkerung das nötig, da haben Sie recht. Eine ideale Staatsform gibt es nicht. Aber die Demokratie ist immer noch die beste aller nicht idealen

Staatsformen. Eine autoritäre Regierung könnte zu leicht in Diktatur ausarten. Das will ich nicht.

P: Ja, ja, eine starke Führung würde auch Ihnen selbst gegenüber autoritär sein.

M: Das müßte sie ja nicht, ich weiß, wie ich mich zu benehmen habe.

P: Nun, viele andere Menschen, auch Polygame, würden dasselbe von sich behaupten, und wie ich meine zu Recht.

M: Ja, natürlich, jeder bildet sich ein, das Richtige zu tun.

P: Und nur Sie haben recht! Ja, dann müßten Sie doch folgerichtig eine Diktatur anstreben.

M: Wie gesagt, ich will keine Diktatur. Ich will auch kein Diktator sein. Wenn die Mehrheit falsch lebt, dann soll sie doch!

P: Demnach wollen Sie also doch tolerant sein.

M: Was bleibt mir denn anderes übrig? Ich kann mich höchstens dafür einsetzen, daß die Politiker wenigstens anständig leben.

P: Und wie wollen Sie das bewerkstelligen? Mit Hetzkampagnen über das Privatleben der Politiker?

M: Man muß doch die Bevölkerung über die Persönlichkeit der Politiker informieren.

P: Sicher. Doch beweisen gerade die Politiker, die mehrere Beziehungen koordinieren können, ihre Fähigkeit, mit Problemen fertig zu werden. Sie zeigen, daß sie für ihr politisches Amt geeignet sind und Vorbildfunktion für die Bevölkerung haben.

M: So würde die Unsitte noch offiziell beglaubigt und zementiert. Pfui! Meiner Ansicht nach müssen Politiker unbedingt monogam leben.

P: Und das wollen Sie gegen die polygame Mehrheit

durchsetzen! Was würden Sie tun, wenn diese wünscht, daß die Politiker ebenso leben wie die Bevölkerung?
M: Das wünschen sie ja nicht. Die Mehrheit der Bevölkerung, das zeigen die Statistiken, möchte monogam leben. Und dafür braucht sie Vorbilder.
P: Ich hoffe, daß die Mehrheit sich endlich emanzipiert und zu ihrem Verhalten steht. Dann wird sie auch Vorbilder für polygames Verhalten suchen und wählen.
M: Das wäre ja schlimm. Das könnte man ja nicht einfach so hinnehmen. Da müßten wir uns wehren.
P: Ja, dann bleibt Ihnen nichts anderes übrig, als über eine Alternative zur Demokratie nachzudenken, die aber doch keine Diktatur ist.

Damit wird M sehr lange beschäftigt sein, sofern er den Versuch überhaupt unternimmt. Letzteres ist nicht sehr wahrscheinlich. Es ist anzunehmen, daß M bei seiner zwiespältigen Haltung bleibt. Sollte M tatsächlich – was ja keineswegs undenkbar ist – eine positive Alternative zur Demokratie finden, müßte er zugleich seine Meinung über die polygame Mehrheit revidieren. In einem menschenfreundlichen System müßte die Regierung die Bevölkerung respektieren und die Wünsche der Mehrheit und natürlich auch der Minderheiten berücksichtigen. Erwachsenen Menschen wäre möglichst große Freiheit einzuräumen, vor allem im Privatleben. Die Regierenden müßten die Bevölkerung lehren, mit verschiedenen Beziehungsmöglichkeiten umzugehen. Auch wenn die Politiker selbst für Monogamie einträten, hätten sie das von der Mehrheit praktizierte polygame Verhalten nicht zu verurteilen. Andernfalls entstünde eine fürchterliche Diktatur.

Wie ideal ist das Ideal?

Nehmen wir einmal an, das Monogamie-Ideal ließe sich verwirklichen, und die Menschen lebten alle freiwillig monogam. Nach Ansicht der Monogamisten hätten wir dann die ideale Gesellschaft. Wäre diese wirklich so ideal? Die Monogamie beruht auf dem Vorurteil, daß man zu einem Zeitpunkt nur einen Menschen lieben kann. »Du liebst mich nicht, weil du den anderen liebst«, heißt es dann. Dies ist jedoch keineswegs der Fall; es liegt sogar im Wesen der Liebe, daß man mehrere Partner lieben kann. Einen Partner aufzugeben, nur weil man weitere findet, ist etwa so absurd, wie wenn man ein Kind aussetzen würde, weil man ein zweites bekommt. Man wird einwenden, daß die Liebe zu Kindern anders ist als die zu einem Partner. Trotzdem ist beides Liebe, und Liebe läßt sich nicht begrenzen.

Monogam zu leben bedeutet, daß man nur zu einem Menschen eine umfassende Beziehung haben darf. Die Kontakte zu allen anderen Menschen bleiben einseitig. Sie spielen sich entweder nur auf geistig-seelischer Ebene ab oder nur auf körperlicher. Meistens wird die Forderung der Monogamie auf den Körper bezogen. Die körperliche Liebe zu mehreren wird verurteilt, und das, obwohl viele Verfechter der Monogamie den Körper als minderwertig ansehen. Einige gehen sogar so weit, schon allein die Vorstellung oder auch Selbstbefriedigung als Untreue zu betrachten. Mehrere rein geistige oder gefühlsmäßige Beziehungen werden hingegen in vielen Gesellschaften toleriert, obwohl diese tiefer gehen können als körperliche. Gelegentlich wird auch eine rein körperliche Beziehung toleriert, die aber nicht geistig sein darf. Diese Einstellung führt zu einer doppelten Moral. Demnach kann man eine tiefe geistige Beziehung haben und sich vorstellen, miteinander zu schlafen. Aber solange es nicht in der Realität zu sexuellen Kontakten kommt, gilt die Beziehung nicht als »Untreue«. Oder häufig betrachtet man es nicht als »Untreue«, wenn es sich nur um einen rein körperlichen Kontakt handelt. Diese Spielart wird eher von Männern praktiziert, aber heute zunehmend auch von Frauen.

Die Monogamie kann (muß nicht) zu einem potenzierten Egoismus führen. Egoismus zu zweit ist schlimmer als Egoismus einer Einzelperson. Der Versuch, »sich hundertprozentig aufeinander zu konzentrieren«, wie Psychologen das gern formulieren, kann dazu führen, daß man seine Umgebung nicht mehr wahrnimmt. Ganz abgesehen davon, daß nichts im Leben hundertprozentig ist. Die Anregung von außen fehlt. Es kommt zum Cocooning. Die Bezeichnung »Zweierkiste« charakterisiert diesen Zustand sehr treffend. Die Gefahr des potenzierten Egoismus ist weniger groß, wenn ein Paar außer seiner Zweisamkeit Ziele hat, z. B. die Erziehung der Kinder oder Engagement im Beruf.

Eine halbe Freiheit ist schlimmer als gar keine

Wie wir oben gesehen haben, lebt die Mehrheit der Menschen nicht auf Dauer monogam. Als Maßstab für ihr Verhalten betrachtet sie aber dennoch das Monogamie-Ideal. Hinzu kommt, daß wir in einer »toleranten« Gesellschaft leben, in der viele verschiedene Lebensformen, wie Ehe,

Konkubinat, Wohngemeinschaft, Single, alleinerziehende Eltern usw., möglich sind. Diese Freiheiten und das Monogamie-Ideal widersprechen sich. Freiheit als solche ist für viele Menschen schwierig zu bewältigen. Beinahe unmöglich ist es, diese Freiheit mit dem einschränkenden Monogamie-Ideal zu vereinbaren. Nach Meinung der Monogamisten ist die Freiheit der Lebensformen durchaus in Ordnung, solange die Menschen innerhalb dieser Freiheit die Monogamie anstreben. Man mag einwenden, daß es einen Unterschied gibt zwischen Freiheit und Zügellosigkeit. Dies ist sehr richtig. Trotzdem ist eine Freiheit mit einschränkendem und unrealistischem Ideal eben nur eine halbe Freiheit und mitunter schlimmer als gar keine. Vollständiger Zwang gewährleistet wenigstens Stabilität. Die halbe Freiheit aber verunsichert, zerstört bestehende Verhältnisse, und bietet keine dauerhafte Alternative.

Scheidungen und instabile Familienverhältnisse werden immer häufiger. Ein Beispiel: 1990 erschien in Wien die Statistik »Lebenswelt Familie«, die das österreichische Familienministerium ungefähr alle zehn Jahre erstellen läßt. In Österreich hat sich in den letzten drei Jahrzehnten die Zahl der Eheschließungen um fast 50 Prozent verringert, die der Scheidungen hingegen mehr als verdoppelt (1960 12,5 Prozent, 1988 29,5 Prozent). Der Bericht stellt fest: »Die zunehmende Freiheit der Wahl der familiären Lebensform steht im Widerspruch zu den Anforderungen von Kindern, die Stabilität und Klarheit in den Familienbeziehungen brauchen.«

Viele Menschen haben mehrere aufeinander folgende monogame Partnerschaften, die aber nicht von Dauer sind. Sobald es in einer Partnerschaft Schwierigkeiten gibt oder sie den ursprünglichen Anforderungen nicht mehr entspricht, trennt man sich. Manchmal wird der Versuch unternommen, die Probleme zu bewältigen, aber sobald das allzu schwierig wird, löst man lieber die Beziehung als die Probleme. Natürlich werden viele Partnerschaften auch deswegen beendet, weil sich einer der Partner in einen anderen Menschen verliebt. Man versucht erst gar nicht, die neue Beziehung mit der bestehenden Partnerschaft zu koordinieren. Dabei behaupten die Betreffenden in aller Unbefangenheit, sie wären monogam. In Wirklichkeit betreiben sie sukzessive Polygamie. Dieses Verhalten wird gesellschaftlich akzeptiert. Bei jungen Menschen, die Erfahrungen sammeln müssen, mag das berechtigt sein. Sobald aber Dritte, vor allem Kinder, betroffen werden, wird es problematisch. Scheidungen, Zweitfamilien usw. führen zu einer bedenklichen gesellschaftlichen Instabilität.

Der Zwiespalt zwischen dem Monogamie-Ideal und dem Verhalten der Mehrheit führt zu Problemen. Häufig finden Menschen nur schwer eine Erklärung dafür, warum sie mehrere Partnerschaften haben, vor allem, wenn eine davon befriedigend ist. Ihre eigenen Bedürfnisse verunsichern sie, weil sie mit dem gesellschaftlichen Ideal nicht übereinstimmen. Daraus ergibt sich das Gefühl, in einem chaotischen Zustand zu leben, weil sich das Leben mit zwei oder mehreren Partnern nicht einordnen läßt. Das Monogamie-Ideal ist die einzige gesellschaftlich akzeptierte Richtlinie. Viele Menschen, die zwei oder mehrere Beziehungen haben, glauben, daß sie von diesen eine auswählen und die anderen beenden müssen. Auf diese Weise werden viele wertvolle Beziehungen zerstört, ohne daß jemand dabei etwas gewinnt.

Es wird gesellschaftlich akzeptiert, daß positive Beziehungen zerstört werden, um einen Partner oder eine Partnerin für sich allein zu gewinnen. In früheren Zeiten war dies nur in bezug auf den Ehepartner erlaubt. Dessen »Ehebrüche« durfte man verhindern. Heute darf man auch Ehen zerstören, wenn man mit einem verheirateten Menschen eine monogame Partnerschaft haben will. Überall findet man Anregungen, wie sich bestehende oder neue Beziehungen eines Partners zerstören lassen, beispielsweise »Wie bringe ich meinen Ehepartner dazu, seine außereheliche Beziehung aufzugeben« oder »Wie bringe ich eine(n) Geliebte(n) dazu, sich scheiden zu lassen«. Beziehungen des Ehepartners dürfen natürlich auch noch immer bekämpft werden, diesbezüglich hat sich gegenüber früher nichts geändert. Es wird nicht mehr, wie früher, gefordert, daß man mit seinem Lebenspartner auch sein ganzes Leben zusammenbleiben muß. Scheidungen sind nicht mehr verpönt. Aber es wird erwartet, daß man die Monogamie anstrebt! Zwei Menschen, die dieselbe Person lieben, dürfen also einen gesellschaftlich sanktionierten »heiligen« Krieg führen! Solche Widersprüche sind typisch für die halbe Freiheit.

Dabei wird nicht berücksichtigt, daß eine zu zerstörende Beziehung sehr wertvoll sein kann. Diese Unsitte hat oft verheerende Auswirkungen. Das Tragische daran ist, daß niemand etwas gewinnt, sondern alle Beteiligten nur verlieren, in erster Linie natürlich die Partner, die den unerwünschten Kontakt nun aufgeben müssen. Nachfolgende Depressionen und Schwierigkeiten sind große Energiefresser. Außerdem entstehen Aggressionen, wenn Opfer gebracht werden müssen. Wer eine Beziehung zerstört, verliert auch, nämlich das, was der Partner dank der anderen Beziehung an ihn weitergeben konnte. Sogar für die Gesellschaft im ganzen ergeben sich Verluste: einerseits das Potential, das in der zerstörten Beziehung lag; anderseits die Energie, die die Beteiligten nun destruktiv einsetzen, anstatt konstruktiv einzubringen.

Wer mehrere Beziehungen gleichzeitig lebt, zieht immer noch die Heimlichkeit vor, wo Offenheit und Ehrlichkeit angebracht wären. Wenn jemand ausnahmsweise »zugibt«, mehrere Beziehungen zu haben, geschieht dies oft aus einer Trotzhaltung heraus. Das Wort »zugeben«, das eigentlich in einen Strafprozeß gehört, zeigt schon, daß dieser Zustand nicht als ideal betrachtet wird. Begründet wird der Wunsch nach Freiheit in solchen Fällen normalerweise nur vage, mit Aussagen wie »Ich bin eben so« oder »Ich kann nicht treu sein« oder mit dem abgedroschenen Ausdruck »Selbstverwirklichung«. Das kann auf niemanden überzeugend wirken.

Wenn die Menschen dem Monogamie-Ideal nacheifern, wird die menschliche Souveränität eingeschränkt, und zwar auf einem der wichtigsten Gebiete des Lebens. Man opfert bestehende und zukünftige Beziehungen und die Möglichkeiten, die diese eröffnen würden, für ein Ideal, das sich oft genug als trügerisch erwiesen hat. Im Prinzip ist Monogamie nur so lange menschenwürdig, wie sie für beide Beteiligten auf Freiwilligkeit beruht. Das dürfte, wie die Statistiken zeigen, eher die Ausnahme sein. Sobald einer der beiden Partner sich zur »Treue« zwingen muß, geht die Menschenwürde verloren, und zwar für beide Partner. Der Partner, der weitere Beziehungen wünscht, fügt sich entweder dem Zwang und wird dadurch unterdrückt. Oder er geht heimlich eine Beziehung ein, was oft mit vielen Unehrlichkeiten und Demütigungen verbunden ist. Der andere Partner findet sich in der Rolle eines Tyrannen wieder, ob er das nun beabsichtigt oder nicht. Er kann sogar zum vorsätzlichen Erpresser werden, beispielsweise: »Entweder du gibst die Beziehung auf, oder ich lasse mich scheiden, was dich sehr viel kosten wird.«

Wir sehen also, daß das Monogamie-Ideal, verbunden mit relativ hoher Freiheit in bezug auf die Wahl der Lebensformen, schwerwiegende Nachteile hat. Die Vorteile der Freiheit können aber wegen des Monogamie-Ideals nicht oder nur eingeschränkt gelebt werden. Denn Freiheit ist im Gegensatz zur Zügellosigkeit konstruktiv. Eine Konstruktion muß aber stabil sein, sonst fällt sie zusammen. In bezug auf Partnerschaften bedeutet das, neue Beziehungen mit bestehenden zu koordinieren – das ist konstruktives Verhalten! Die Stabilität wird dann gewährleistet, wenn man eine lange Dauer der Partnerschaften (zumindest der Lebenspartnerschaft) anstrebt. Um dies zu erreichen, sind Kreativität und Phantasie notwendig, die wichtige Voraussetzungen für Freiheit sind.

Wie destruktiv die Monogamie-Ideologie wirken kann

Peter und Eva Müller sind seit zehn Jahren verheiratet. Peter ist Prokurist bei einer gutgehenden Firma und hat Aussichten auf eine große Karriere. Eva war am Anfang der Ehe berufstätig, gab aber nach der Geburt ihres ersten Kindes ihren Job auf. Bald folgten ein zweites und ein drittes Kind. Die drei lebhaften Kinder beanspruchten bald Evas ganze Energie. So fand sie kaum Lust und Zeit, eine Teilzeitarbeit anzunehmen, obwohl sie das eigentlich immer vorhatte. Peter bastelte an seiner Karriere, wurde befördert und hatte immer weniger Zeit für die Familie. Die Ehe wurde unbefriedigend. Es blieb kaum noch Zeit für Gespräche und Sexualität, die zunehmend mechanischer wurde. Als das erste Kind in die Schule und das zweite in den Kindergarten ging, beschloß Eva, eine Halbtagsstelle anzunehmen. In der Firma lernte sie einen interessanten Kollegen, nennen wir ihn Hans Moser, kennen. Nach dem Betriebsfest schliefen Eva und Hans miteinander. Es war das intensivste sexuelle Erlebnis, das Eva seit langem hatte. Sie stellte fest, daß sie Hans ernsthaft liebte. Zur selben Zeit begann Peter ebenfalls eine erotische Beziehung zu einer Kollegin, die ihm schon einige Zeit gefallen hatte, nennen wir sie Renate Weber. Auch für ihn war es ein starkes Erlebnis.

An Weihnachten schlafen Eva und Peter wieder miteinander. Beide glauben, es aus Höflichkeit zu tun. Aber zum Erstaunen von beiden wird es ein tiefes befriedigendes Erlebnis, wie sie es seit Jahren nicht mehr hatten. In der Folge erhält die Ehe neuen Schwung. Allerdings setzen beide, ohne daß der andere es weiß, ihre außerehelichen Beziehungen fort. Diese sind inzwischen sehr eng und tief geworden. Eva und Peter staunen beide darüber, wie gut ihre Ehe trotz der anderen Beziehung wieder ist, reden aber nicht miteinander darüber. Sie glauben, die außereheliche Beziehung ließe sich so um so besser verbergen. Beide genießen es, zwei Beziehungen gleichzeitig zu haben.

Eines Tages fällt alles zusammen. Die außerehelichen Beziehungen werden bekannt. Zwischen Eva und Peter kommt es zu einem heftigen Streit. Jeder stellt dem anderen ein Ultimatum: »Ich oder die andere Beziehung!« Sie berücksichtigen nicht, daß ihre Ehe gerade in dem Moment wieder befriedigend wurde, in dem die neuen Beziehungen begannen. Der Eheberater, den sie aufsuchen, schenkt dieser Tatsache auch keinerlei Beachtung. Er hält sich an gängige Lehrmeinungen: »Zwei Liebespartner sind weniger als einer«, zitiert er. »Sie werden auf Dauer überfordert sein«, meint er. »Sie können sich auf keine der Beziehungen hundertprozentig einlassen und können weder sich noch die Beziehung weiterentwickeln. Reife Menschen bringen es fertig, eine rundum befriedigende Liebesbeziehung zu zweit zu haben ...« (Auf diese Argumente wird an anderer Stelle genauer eingegangen.) »Sie müssen sich entscheiden!« fordert der Psychologe. »Entweder ihre Ehe oder die anderen Beziehungen.« Jetzt haben Peter und Eva zwei Möglichkeiten: Sie können sich für ihre Ehe entscheiden. Dabei denken sie einerseits an die Kinder, andererseits auch daran, daß sich ihre Ehe in der letzten Zeit ja verbessert hat. Wenn sie sich, wie der Psychologe geraten hat, jetzt wirklich hundertprozentig aufeinander konzentrieren, müßte die Ehe ja noch besser werden. Sie trennen sich also schweren Herzens von ihren neuen Partnern. Dadurch werden alle Beteiligten tief deprimiert.

Hans Moser und Renate Weber stehen plötzlich allein da. Zum Glück haben beide gute Freunde, die ihnen über den schlimmsten Schmerz hinweghelfen. Aber trotzdem läßt sich dieser lange Zeit nicht überwinden. Die beruflichen Leistungen lassen zumindest zeitweise nach. Die sensible Renate verliert beinahe ihren Job. Sie lernt dann einen anderen Mann kennen. Aber trotzdem kann sie Peter schwer vergessen und ist ihrem neuen Freund gegenüber blokkiert. Deswegen geht diese Beziehung auch bald wieder auseinander. Hans reagiert seine Aggressionen ab, indem er ziemlich wahllos mit irgendwelchen Frauen schläft. Dies

ist natürlich unbefriedigend und könnte, trotz Vorsichts-
maßnahmen, gefährlich werden.

Peter und Eva geht es nicht besser. Auch sie sind deprimiert, und das frißt ihre Energie. Sie versuchen zwar ernsthaft, sich auf sich selbst zu konzentrieren, aber heimlich
haben sie trotzdem Sehnsucht nach ihren verlorenen Partnern. Sie wagen aber nicht, darüber zu reden und sich allenfalls gegenseitig zu trösten. Im Gegenteil: Sie gestehen
es sich zwar selbst nicht bewußt ein, aber in ihnen erwacht
ein gewisser Groll. Unbewußt gibt jeder dem anderen die
Schuld dafür, daß er die neue Liebe verloren hat. So wird
natürlich nichts aus der rundum befriedigenden Zweierbeziehung. Im Gegenteil, die Ehe ist unbefriedigender denn
je und wird zunehmend schlechter. Eva und Peter leben
nur noch nebeneinander her. Wenn sie miteinander sprechen, geschieht es in gereiztem oder aggressivem Tonfall.
Die Kinder spüren die Konflikte und leiden darunter. Eva
und Peter halten aber trotzdem der Kinder wegen durch.
Irgendwann, vielleicht wenn die Kinder das Haus verlassen, lassen Eva und Peter sich doch noch scheiden. So haben alle Beteiligten verloren: jeder eine positive Beziehung und Peter und Eva das gute Einvernehmen in ihrer
Ehe. Natürlich ist es möglich, daß sie ihre Ehekrise überwinden. Aber einige Narben werden bleiben. Jedenfalls
war das klägliche Resultat die Opfer nicht wert. Nur der
Psychologe hat ein gutes Honorar kassiert.

Die zweite Möglichkeit: Peter und Eva lassen sich scheiden. Sie wollen mit ihren neuen Partnern zusammenleben.
Die Scheidung kostet eine Menge Energie und Geld. Obwohl sie sich vorgenommen haben, daß das Ganze möglichst in Freundschaft ablaufen soll, verlieren sie doch
manchmal die Nerven, und es kommt zu unerquicklichen

Szenen. Die Kinder leiden unter der Trennung. Die Eltern lassen sie selbst entscheiden, bei wem sie wohnen wollen, was allen dreien schwerfällt. Die beiden Buben entscheiden sich, beim Vater zu leben, das Mädchen kommt zu der Mutter. Der ganze Streß wirkt sich auch negativ auf die neuen Beziehungen aus. Es entstehen gewisse Aggressionen gegenüber den neuen Partnern, derentwegen man so viele Opfer bringen muß. Man glaubt, nach der Scheidung würde alles besser. Hans und Eva überwinden ihre Krise. Sie heiraten nach einem Jahr. Die Beziehung zwischen Peter und Renate scheitert. Diese Variante ist tragischer als die erste. Nicht nur Beziehungen scheitern, sondern auch eine Familie wird auseinandergerissen.

Wie könnte in einem solchen Fall eine positive Lösung aussehen? Eva und Peter verzichten auf den Psychologen und denken selbst über ihre Situation nach. Nach einigen intensiven Gesprächen finden sie heraus, daß ihre Ehe genau zu dem Zeitpunkt besser wurde, als die neuen Beziehungen begannen. Sie können sich dieses Phänomen zwar nicht erklären, überlegen sich aber, daß Hans und Renate offensichtlich einen anregenden Einfluß auf ihre Ehe hatten. Eva erinnert sich, Renate mal kennengelernt zu haben. »Eigentlich war sie mir sehr sympathisch«, meint sie. »Ich würde mich gern mal mit ihr unterhalten, von Frau zu Frau.« Es kommt zu einem Gespräch zwischen Eva und Renate. Dabei stellt sich heraus, daß sie zwar sehr verschieden sind, sich aber doch viel zu sagen haben. Renate hat auch nicht die Absicht, die Ehe zwischen Peter und Eva zu zerstören. Es kommt zu einem fruchtbaren Gespräch zu dritt, bei dem man sich einigt, die Beziehungen wie bisher fortzusetzen.

Peter möchte nun auch Hans kennenlernen. Er ist der Meinung, daß Eva dasselbe Recht auf eine außereheliche Beziehung hat wie er. Peter und Hans verstehen sich ausgezeichnet. Auch Hans hatte immer die Ehe von Peter und Eva respektiert. Man wagt es sogar, zu viert auszugehen, und verbringt einen anregenden Abend. Zwischen Hans und Peter sowie Eva und Renate entwickelt sich eine Freundschaft. Die Ehe zwischen Peter und Eva ist noch besser geworden, seit sie so offen über alles reden können und keine Geheimnisse mehr voreinander haben. So haben alle gewonnen: Die bestehenden Beziehungen bleiben erhalten. Zusätzlich haben sich zwei Freundschaften entwickelt.

Die Vorteile des Lebens mit mehreren Partnern

Liebe ist ...?

Wer sich mit dem Thema Partnerschaften und Polygamie befaßt, muß auch über die Liebe nachdenken und versuchen, ihr Wesen zu erfassen. Jeder Mensch hat eine andere Vorstellung von Liebe, so daß eine allgemeingültige, verbindliche Definition kaum möglich ist. Sexuelle Liebe wird im Hinblick auf das Monogamie-Ideal in unserer Gesellschaft oft als ausschließliche Verbindung zwischen zwei Menschen verstanden. Man kann sie aber ebensogut als unendliche Größe betrachten, von der man nie genug vergeben und empfangen kann.

Durch die Liebe kann man die Grenzen seiner Persönlichkeit überschreiten und sich ein Stück von der Welt aneignen. Aneignung von Welt ist immer auch Wille zur Macht, und demzufolge die Liebe auch. Sie ist allerdings die edelste Form des Willens zur Macht. Dieses Stück Welt ist das Erlebnis: die Bereicherung, Inspiration und Erfahrung, welche die Liebe selbst im negativen Fall vermittelt. Liebe im vollen Sinn reicht über die eigene Persönlichkeit und die des Partners hinaus in andere Dimensionen – zum Leben, zu Gott oder wie immer man die höheren Mächte nennen will. Die Liebe erfaßt die Wesen, die sie empfinden, aber sie steht über ihnen. Gleichzeitig ist Liebe eine Möglichkeit zur Selbstentfaltung.

Liebe setzt, abgesehen von der Selbstliebe, immer einen Kontakt zwischen zwei Wesen voraus. Man muß auch geben, um zu empfangen. Deswegen kann man sich durch die

Liebe nicht ein lebendes Wesen aneignen, nicht einmal ein Tier oder eine Pflanze, geschweige denn einen Menschen. Dies scheint selbstverständlich, wird aber immer wieder übersehen. Hingegen eignet man sich an, was man von dem geliebten Wesen empfängt oder was dem eigenen Gefühl entspringt, selbst wenn dies negativ ist. Deswegen ist die Liebe nicht »selbstlos«, wie oft gesagt wird. Im Gegenteil, weil ein liebender Mensch bewußt oder unbewußt erwartet, daß die Liebe seine Selbstentfaltung oder Selbstvollendung fördert, ist selbst die hingebendste Liebe im Grunde egoistisch. Das heißt, sie setzt ein Ego voraus, dessen sich der Liebende bewußt ist und das durch die Liebe bereichert wird. »Liebe den anderen wie dich selbst« bedeutet auch: »Liebe dich selbst.« Das ist die Voraussetzung dafür, daß man auch andere lieben kann. Diese Erkenntnis ist schon oft formuliert worden, wird aber noch immer mißachtet.

Egoismus in der Liebe ist nicht nur berechtigt, er ist unvermeidlich, ja sogar die Voraussetzung von Liebe. Dabei ist zu unterscheiden zwischen positivem und negativem Egoismus. Positiver Egoismus bedeutet Selbsterkenntnis, die zu Selbstbewußtsein (sich seiner selbst bewußt sein) führt. Als Folge davon wird der Liebende Selbstverantwortung entwickeln. Ein Liebender mit positivem Egoismus wird Bereicherung anstreben, aber er wird nicht den geliebten Menschen einschränken wollen. Er weiß, je mehr dieser seine Persönlichkeit entfaltet, um so umfassender wird die Liebe. Wer positiv liebt, wird auch bereit sein, dem Geliebten viel zu geben. Wer aber geben will, muß auch etwas besitzen, vor allem ein Ego. Einige Formen der Liebe können wie größte Selbstlosigkeit wirken, basieren jedoch auf rein egoistischen Hintergründen. Sogar ein Opfer aus Liebe dient auch demjenigen, der es bringt. Egoismus spielt sogar auch dann mit, wenn ein Mensch sich von einem geliebten Menschen mißhandeln läßt. Vielleicht ist häufig gerade in solchen Fällen der Egoismus in der Liebe am extremsten, auch wenn dies ein fehlgeleiteter Egoismus wäre.

Häufig ist leider die »Liebe« mit negativem Egoismus verbunden. Sie betrachtet das geliebte Wesen als Besitz. Man will sich nicht durch die Erlebnisse mit dem geliebten Menschen bereichern, sondern durch ihn selbst. Dies bedeutet, daß man ihn einschränkt, sogar einsperrt, überwacht, mit Mißtrauen verfolgt und gekränkt ist, wenn er nicht so handelt, wie man sich das vorstellt. Diese negativ-egoistische Liebe ist häufig der wahre Grund dafür, daß die Menschen sich Monogamie wünschen. Die Beziehung des Partners zu einem Dritten wird dann beurteilt wie ein Eigentumsdelikt, z. B. Sachbeschädigung oder Diebstahl. In machistischen Gesellschaften gilt sie gar als Ehrverletzung (die »Untreue« der Frau verletzt die Ehre des Mannes). Diese Einstellung degradiert die Menschen zur Sache. Negative Liebe kann auch dadurch entstehen, daß man – beeinflußt durch die Gesellschaft – Monogamie anstrebt. Dabei wird automatisch das Verhalten übernommen, das zu der negativen Liebe gehört. Häufig geschieht das, weil nicht darüber nachgedacht wird, wie man eigentlich leben möchte, sondern glaubt, das Leben müsse so oder so sein. Überall liest man, daß Monogamie normal ist, also versucht jeder, monogam zu sein. Eifersucht gehört dazu, also ist man eifersüchtig. Und so weiter. So kann man sich unter Umständen sehr weit von seinem Ego – und dem des Partners – entfernen, weil man gemäß den Vorstellungen von Dritten lebt und nicht nach seinen eigenen.

Liebe ist Aneignung von Welt, und die Welt ist unendlich. Somit ist die Liebe so unendlich wie die Welt. Wir erleben immer nur einen kleinen Teil aller Möglichkeiten, die die Liebe bietet. Davon gibt es unendlich viele. Dies bedeutet, daß man nie zuviel Liebe bekommen und vor allem nicht zuviel vergeben kann. Die Liebe ist wie ein Brunnen, der nie versiegt. Gerade liebende Menschen können (und sollten) Liebe, und zwar auch erotische Liebe, weitergeben.

Häufig wird Liebe (vor allem die erotische Liebe) mit einer Geldsumme verglichen, die in kleinen Münzen für Kleinigkeiten oder, wenn man spart, für etwas Großes ausgegeben werden kann. Wenn Liebe schon mit Geld verglichen wird, was fragwürdig genug ist, dann konsequenterweise mit Kapital, das investiert werden muß, um Gewinn zu erhalten. Je mehr investiert wird, desto größer ist der Gewinn und desto mehr kann weiter angelegt werden. Es ist allerdings nicht immer so, daß der mehr bekommt, der mehr gibt. Wie bei Kapitalanlagen ist es auch bei der Liebe wichtig, sich richtig zu verhalten, um Gewinn zu erzielen. Der Vergleich mit Kapitalanlagen hinkt allerdings. Man kann ein geliebtes Wesen keineswegs als ein Anlageobjekt betrachten und danach beurteilen, welchen Gewinn es einem bringt, und gegebenenfalls beiseite schieben, wenn es keinen mehr abwirft. Dann könnte von echter Liebe natürlich keine Rede sein.

Liebe ist ganzheitlich. Sie erfaßt Körper, Seele und Geist. Die Voraussetzung dafür, daß Menschen ein möglichst großes Spektrum der unendlichen Liebe erleben können, ist Freiheit, und zwar sowohl die geistige als auch die körperliche. Wenn die Menschen nur teilweise engagiert sind, läßt sich nicht von Liebe sprechen. Allerdings können auch einseitige Beziehungen wertvoll sein, wie Freundschaft oder Kameradschaft, die ja bekanntlich oft ein Leben lang dauern. Wenig befriedigend werden auf Dauer rein sexuelle Affären sein. Problematisch ist die sogenannte »rein geistige Liebe« zwischen Mann und Frau. Diese kann eigentlich nur befriedigend sein, wenn beide Partner frigide sind. Meistens ist es aber so, daß mindestens einer der Beteiligten unter dem Mangel an Sexualität leidet.

Liebe ist ewig, wobei Ewigkeit nicht als Zeitbegriff aufzufassen ist. Liebe ist ewig, weil sie mit der Unendlichkeit zusammenhängt. In diesem Zusammenhang wird eine klare Unterscheidung zwischen Treue im Sinn von Ausschließlichkeit und Treue im Sinn von Beständigkeit notwendig. Wenn die wahre Liebe ewig ist, schließt das Beständigkeit ein. Es widerspricht aber der Ausschließlichkeit, es sei denn, man würde im Leben nur einen Menschen lieben. Viele Menschen lieben aber mehrere Partner im Laufe des Lebens. Im positiven Fall werden Liebesbeziehungen bis zum Lebensende so fortgesetzt, daß sie für beide Partner beglückend sind. Wenn die Partner offen sind für andere Menschen, werden sie immer wieder neue Beziehungen anknüpfen. Dann haben sie die Aufgabe, diese mit den bereits bestehenden in Einklang zu bringen.

Im negativen Fall wird die Beziehung nach außen hin aufgelöst, entweder weil es Konflikte zwischen den Partnern gibt oder weil diese Bindung nicht gesellschaftlich akzeptiert ist. Viele Menschen glauben, sie könnten eine Liebe beenden und überwinden. Wirkliche Liebe vergeht aber auch dann nicht, wenn man sich äußerlich schon von einem geliebten Menschen getrennt hat. Deswegen kann es höchst gefährlich sein, Partnerschaften hintereinander zu haben und beispielsweise eine Beziehung wegen einer anderen zu lösen. Dies kann das seelische Gleichgewicht aller Beteiligten gefährden. Man mag anderen und sich selbst vortäuschen, daß man eine Liebe »überwunden« hätte, aber sie bleibt, zumindest latent, im Bewußtsein bzw. Unterbewußtsein gespeichert. Dies gilt auch und gerade dann, wenn Liebe sich zu Abneigung gewandelt hat, denn durch diese ist die Auseinandersetzung mit dem anderen noch viel intensiver.

So ergibt sich die Unterscheidung zwischen akuter und latenter Liebe. Akute Liebe ist diejenige, die in der Gegenwart intensiv erlebt wird. Latente Liebe steht im Hintergrund oder ist gar unbewußt. Sie kann jedoch immer wieder aktiviert werden, beispielsweise bei der Begegnung mit den betreffenden Menschen. Häufig kommt es auch vor, daß man sich an eine alte Liebe erinnert, wenn man einer neuen begegnet. Dies hat manchmal eine blockierende Wirkung, vor allem, wenn die alte Beziehung negativ verlaufen ist. Aus glücklicher Liebe hingegen entsteht neue Liebe.

Wer mehrere Partner gleichzeitig hat, liebt nicht alle gleichermaßen akut. Die Liebe zu einem Partner kann beispielsweise bei der ersten Begegnung akut und in der übrigen Zeit nur latent vorhanden sein, vor allem dann, wenn andere Beziehungen gelebt werden. Es kann natürlich auch sein, daß man heftige Sehnsucht nach einem Partner hat und die Liebe so fast immer akut ist. Eine andere Möglichkeit ist, wie bereits erwähnt, daß eine Liebe jahrelang latent besteht und eines Tages plötzlich wieder akut wird.

Liebe ist ein wertvolles Schicksal. Das bedeutet, daß man sie annehmen und halten sollte, wann immer sie einem begegnet, auch dann, wenn es gesellschaftliche Widerstände oder sonstige Schwierigkeiten gibt. Deswegen sollte eine Beziehung nur dann nach außen hin gelöst werden, wenn die Gründe bei den Partnern selbst liegen, z. B. ihre Charaktere unvereinbar sind. Und auch dies sollte erst nach reiflicher Überlegung geschehen. Wenn zwei Menschen von außen dazu gedrängt werden, ihre Beziehung aufzugeben, sollten sie diesem Druck widerstehen. Niemand hat ein Recht, Liebe zwischen Menschen zu bekämpfen, nur weil sie nicht in ein gesellschaftliches Schema paßt. Zu respektieren sind auch die Beziehungen der eigenen Partner. Und nie darf man die ehrliche Liebe eines Menschen geringschätzig behandeln oder gar mit Füßen treten, auch wenn man ihn nicht liebt.

Kritik am Monogamie-Mythos

Wenn man aktuelle oder auch ältere Literatur über Partnerschaftsprobleme und Sexualität liest, findet man nur wenige positive Beurteilungen über das Leben mit mehreren Partnern. Konzepte und Anregungen gibt es kaum. Viele Autoren scheinen Polygamie, wenn sie diese nicht ablehnen, als unvermeidbares Übel zu betrachten. Trotzdem gibt es Ansätze zu einer liberaleren Beurteilung der sogenannten »Untreue«. Diese wird beispielsweise als Treue zu sich selbst betrachtet. Wenigstens gilt sie nicht mehr unbedingt als eine Katastrophe, die zur Auflösung einer der beiden Beziehungen führen muß. Einige Autoren äußern, daß zumindest eine zweite Partnerschaft, die zur Lebenspartnerschaft hinzukommt, akzeptabel sei. Im folgenden eine Auswahl von mehr oder weniger positiven Zitaten und Meinungen zum Thema Polygamie.
Zu nennen ist der Klassiker »Die offene Ehe« von Nena und George O'Neill, der 1972 in den USA publiziert wur-

de. Dieser richtet sich nicht gegen die Monogamie, im Gegenteil, der Untertitel heißt »Konzept für eine neue Form der Monogamie«, und bietet eines der wenigen Konzepte für eine Ehe, die nicht unbedingt monogam sein muß. Unter der offenen Ehe wird eine Beziehung verstanden, in der Ehemann und Ehefrau gleichberechtigt und ebenbürtig sind und außerdem ein Gefühl der individuellen Identität entwickeln können: »Die Gleichberechtigung basiert also auf dem Gefühl der individuellen Identität, ein Gefühl, das sich nur entwickeln kann, wenn jeder dem Partner das Recht auf ein Privatleben, Kontakte mit der Außenwelt und Freiheit von festgelegten Rollen gewährt.« Dies wirkte Anfang der siebziger Jahre noch weniger selbstverständlich als heute.

Sehr wichtig ist folgende Bemerkung: »Zwischen *geben* und *aufgeben* besteht ein himmelweiter Unterschied.« Je mehr jemand aufgibt, um so weniger kann er geben. Das gilt auch, wenn jemand zwischen zwei oder mehreren erotischen Beziehungen wählen soll. Die O'Neills fügen hinzu: »Je mehr man zu sich selbst findet, um so mehr kann man sich anderen mitteilen; und je weniger besitzerisch man liebt, desto stärker ist man mit seinem Partner verbunden.« Und ein besonders schöner Satz: »Wenn sich also zwei Menschen ihren inneren Möglichkeiten und der durch gegenseitige Achtung entstehenden Freiheit öffnen, können sie an sich eine neue Art der offenen Liebe in höchster Vollendung erfahren.«

»Untreue als Treue zu sich selbst: Es muß nicht unbedingt eine Tragödie sein«, meint Rosmarie Welter-Enderlin in »Paare, Leidenschaft und lange Weile«: »So schrecklich die Erfahrung der Untreue sein mag ... so birgt sie doch in sich die Möglichkeit von Neuem wie kaum ein Ereignis im ge-

48

meinsamen Leben.« Diese Autorin versteht die Krise als Chance, »als Anstoß zu Individualisierung, die einigen Paaren vermutlich ohne sie nicht gelungen wäre«. Rosmarie Welter-Enderlin hält eine Zweitbeziehung neben der Ehe für möglich, »wenn ein Paar auf einem langen verbindenden Weg ist miteinander ... Bei zwei der befragten Paare, die seit Jahren in solchen Dreiecken leben, besteht offenbar auch eine respektvolle Beziehung zwischen Freund/in und den jeweiligen Ehepartnern. Aber das ist, wie ich beobachte, doch eher die Ausnahme und bedingt sehr viel Kultur des Herzens und sehr viel Selbstsicherheit und emotionale Unabhängigkeit ...« Andererseits meint Rosmarie Welter-Enderlin, daß Menschen die Sehnsucht haben »nach Zusammenhalt in guten und schlechten Tagen, nach unbegrenzter Geborgenheit und nach Heimat in der Liebe eines anderen Menschen, auch dann, wenn die Leidenschaft nicht mehr glüht«. Das ist sicher richtig. Die Sehnsucht nach dauerhaftem Einssein ist eines der Hauptargumente für die Monogamie. Aber sie ist ebenso im Leben mit mehreren Partnern erreichbar. Dieses wird uns beides geben: Geborgenheit und Leidenschaft.
Zum Schluß noch eine Aussage von August E. Hohler aus seinem Buch »Wozu das alles?« Er plädiert für die Öffnung von Ehe und Familie. Diese »kann auf mannigfaltige Weise geschehen: indem Mann und Frau einander eigene Entwicklung, eigene Beziehungen zubilligen ... indem sie sexuelle Treue nicht mehr zum einzigen oder hauptsächlichen Kriterium einer Beziehung machen. Wenn Liebe Liebe erzeugt und wenn Existenzentfaltung ... kein leeres Wort sein soll, dann können Liebesbeziehungen außerhalb der Ehe oder Partnerschaft nicht einfach als tabu ausgeschlossen werden ... Wenn wir ehrlich zu unseren Bedürf-

nissen stehen und auch die Bedürfnisse des anderen zu respektieren suchen ... wenn wir eine *Beziehungsstrategie* entwickeln, dann wird die *offene Ehe oder Partnerschaft* kein Scherbenhaufen werden und nicht im Chaos der Promiskuität enden, sondern Energie- und Glückszuwachs weit über sich hinaus bewirken.«

Liebe zu mehreren Menschen als Energiequelle

Wie sehr eine neue Beziehung neben einer bereits bestehenden zur Energiequelle für das weitere Leben werden kann, zeigt folgendes Beispiel. Wolfgang lebte in einer eher konventionellen, aber durchaus nicht schlechten Ehe. Die Leidenschaft der ersten Jahre war allerdings vorbei und in sexuelle Routine gemündet. Trotzdem führten er und seine Frau Renate mit ihren beiden Kindern ein scheinbar zufriedenes Leben. Wolfgang war Ingenieur bei einer großen Firma, und sein Aufstieg schien vorprogrammiert. Überhaupt war sein Leben durch und durch verplant – bis zur Pensionierung und sogar darüber hinaus. Dies war ihm selbst gar nicht bewußt und seiner Frau auch nicht. Er fühlte nur eine große Öde, aber auch diese erkannte er nicht als solche. Renate ihrerseits empfand, daß ihr Leben nicht ausgefüllt war. Sie dachte aber, das wäre nun einmal das Schicksal einer Mutter und Hausfrau. Scheinbar lief ja alles bestens. »Ich war damals geistig tot«, sagt Wolfgang heute.

Da lernte er bei einer Veranstaltung Josepha kennen. Es funkte sofort bei beiden. Die Leidenschaft loderte auf, so wie ein Feuer in einer ausgetrockneten Steppe. Dabei blieb es nicht. Wolfgang und Josepha entdeckten viele Berüh-

rungspunkte. Aus der spontanen Liebe wurde eine dauerhafte Beziehung. Bald wurde daraus auch eine berufliche
Zusammenarbeit. Josepha war Psychologin und selbstän-
dige Unternehmensberaterin. Wolfgang interessierte sich
sehr für ihre Tätigkeit. Sie wiederum fragte ihn um Rat,
wenn sie technische Probleme zu behandeln hatte. So kam
Wolfgang auf die Idee, sich als Unternehmensberater
selbständig zu machen und mit Josepha zusammenzuarbei-
ten. Dies funktionierte bestens und nützte beiden. Sie er-
reichten bald so hohe Umsätze, daß sowohl Wolfgang als
auch Josepha wesentlich mehr verdienten als früher. Wolfgang hatte durch das Verhältnis mit Josepha neue Energie
gewonnen, die sich positiv auf den Beruf und seine Familie
auswirkte. Auch seine Ehe bekam neuen Schwung. Die sexuelle Vielfalt kehrte zurück. Renate interessierte sich lebhaft für Wolfgangs Firma und bot ihre Mitarbeit an.
So ergab es sich, daß Renate Josepha kennenlernte. Die
beiden Frauen verstanden sich von Anfang an ausgezeichnet. Nach einiger Zeit erkannte Renate das erotische Verhältnis zwischen Wolfgang und Josepha. Zuerst war sie eifersüchtig und machte Wolfgang eine Szene. Er seinerseits
geriet in Panik bei der Vorstellung, entweder seine Ehe
oder sein Verhältnis mit Josepha auflösen zu müssen. Dies
sagte er Renate. Er erklärte ihr außerdem, wie er seine
neue Karriere zusammen mit Josepha aufgebaut hatte.
»Ohne sie kann ich niemals so effizient arbeiten, jedenfalls
jetzt noch nicht. Und ich kann und will nicht die erotische
Beziehung zu ihr aufgeben, aber die berufliche weiterführen. Dies wäre eine halbe Sache. Und was würdest du
gewinnen?« Darauf konnte Frau Renate nicht so leicht eine Antwort geben. Sie dachte nach und kam zu dem
Schluß, daß nicht nur Wolfgang sehr viel verlieren würde,

wenn er das Verhältnis zu Josepha aufgeben müßte. »Wenn er verliert, verliere ich auch«, dachte sie unwillkürlich. »Dann steht unser neues Leben auf wackeligen Füßen.« Dieser Gedanke erschien ihr ungewohnt, aber er leuchtete ihr ein. Außerdem spürte Renate trotz allem, wie sehr Josepha für sie schon eine enge Freundin geworden war. Nicht nur Wolfgang, sondern auch sie würde eine anregende Freundschaft verlieren. Deswegen sagte sie zu Wolfgang, er möge seine Beziehung zu Josepha wie bisher diskret weiterführen. Sie wolle aber ebenfalls die Freiheit zu einer zweiten Partnerschaft haben, wenn sich eine solche ergeben sollte. Wolfgang leuchtete dies ein, und er einigte sich mit Renate auf eine »offene Ehe«.

Wolfgang hatte mehrere Jahre eine fruchtbare Beziehung zu Josepha. Allerdings gab Josepha diese später auf. Sie hatte einen Mann kennengelernt, mit dem sie eine Familie gründen wollte. Sie wollte die Trennung vollständig durchführen und gab auch die Zusammenarbeit mit Wolfgang auf. Für Wolfgang war das ein schwerer Schlag. Er verlor an Energie, was sich einige Monate negativ auf seinen Beruf und seine Ehe auswirkte. Allerdings hatte er durch die Beziehung zu Josepha viel gewonnen, das auch durch die Trennung nicht verlorengehen konnte. Nachdem er seinen Trennungsschmerz überwunden hatte, führte er die Firma erfolgreich weiter. »Ich habe in meinem Leben viel erreicht, das ohne meine Liebe zu Josepha völlig undenkbar gewesen wäre«, sagt er heute. »Ohne sie säße ich immer noch in meiner alten Firma und würde eine vorprogrammierte Laufbahn verfolgen. Womöglich hätte man mich wegen der Rezession auch bereits entlassen, und ich wäre heute arbeitslos.« Statt dessen besitzt er heute ein Unternehmen, das trotz der Rezession gut läuft. Übrigens, die

Freundschaft zwischen Renate und Josepha bestand auch nach der Trennung von Wolfgang und Josepha weiter.

Dieses Beispiel zeigt, wie positiv sich die Energiezufuhr aus einer neuen Liebe auswirken kann:

- Diese Energie wirkt motivierend. Steckt ein Mensch in unbefriedigenden Verhältnissen, wird er aufgerüttelt und gewinnt die Kraft zu Veränderungen.
- Die Energie wirkt sich indirekt auch positiv auf die bestehende Partnerschaft und weitere Angehörige aus. Der Partner, der die Energiezufuhr bekommt, gibt Energie weiter. Dies gilt natürlich vor allem, wenn eine Freundschaft zwischen dem bisherigen Partner und dem neuen möglich ist.
- Die Energie kann eine neue Entwicklung, in diesem Fall eine berufliche, ermöglichen, die sonst kaum stattgefunden hätte.
- Wenn ein positiver Kontakt abgebrochen wird, ist dies zumindest zeitweise mit einem Energieverlust verbunden. Allerdings wird dieser normalerweise kleiner sein als der Gewinn, der sich durch die Partnerschaft ergeben hat. So besteht doch insgesamt betrachtet auch nach dem Ende des Kontaktes ein Überschuß an Energie und sonstigen Werten. Das gilt vor allem, wenn die Liebe tief ist und auch nach dem offiziellen Ende der erotischen Beziehung noch latent weiterbesteht.

... und weitere positive Auswirkungen

Das ganzheitliche Leben mit mehreren Partnern ist wie ein Mosaik. Je mehr Steine man verarbeitet, desto schöner kann es werden. Dabei ist natürlich auch auf die Qualität der Steine zu achten. Ein häßlicher oder beschädigter Stein kann ein ganzes Mosaik verderben. Fällt ein Stein heraus, ist es kaum möglich, einen zu finden, der genau in die Lücke paßt. Man müßte ihn zurechtschleifen, und dann wäre er nicht mehr derselbe. Doch läßt sich das Mosaik durch neue Steine erweitern, die zwar nicht in die Lücke passen, das Mosaik jedoch an anderer Stelle verschönern. Damit ein Mosaik schön ist, muß es aus möglichst vielen Steinen von guter Qualität bestehen, die an der richtigen Stelle eingesetzt sind. Und außerdem sollten möglichst wenig Steine herausfallen. Beziehungen, vor allem Liebesbeziehungen, sind nicht durch andere ersetzbar. Da Liebe (auch die körperliche Liebe) unendlich ist, ist es erstrebenswert, möglichst viel davon zu geben und zu empfangen. Dies könnte geradezu als moralische Verpflichtung angesehen werden.

Wie bereits erwähnt, fallen viele Partnerschaften auseinander, weil einer der Partner eine neue Beziehung hat. Würde diese aber von allen Beteiligten akzeptiert, blieben beide Partnerschaften bestehen. Für viele Paare ist diese Freiheit und Toleranz geradezu eine Voraussetzung für eine lange Dauer ihrer Beziehung. Manchmal hält eine Partnerschaft oder Ehe gerade deswegen jahrzehntelang, weil sich beide Partner durch Absprache oder stillschweigend auf gegenseitige Freiheit einigen. Wären die Partner auf das Monogamie-Ideal fixiert, wäre ihre Beziehung schon lange gescheitert. Schade nur, daß solche freiheitlichen Partner sich nur selten öffentlich zu ihrer Lebensweise bekennen.

Wenn sich das Leben mit mehreren Partnern in der Gesellschaft als ein Modell durchsetzt, das als ebenso erstre-

benswert gilt wie die Monogamie, hätte das tiefgreifende positive Auswirkungen:
- Es würde auf der Welt viel mehr Liebe geben und weniger Menschen, die erotisch unbefriedigt sind. Viele negative Folgen des sexuellen Unbefriedigtseins und des Verfalls der Familien würden reduziert, beispielsweise Promiskuität, Prostitution, Mißbrauch von Kindern, negative Ersatzhandlungen wie Kriminalität, Sucht und asoziales Verhalten. Es wäre sogar denkbar, daß sich als weitere Folge das Aids-Problem verringern würde.
- Es gäbe weniger auseinanderfallende Familien. Die Ehepaare würden sich nicht mehr trennen, wenn sie neue Partner finden, sondern zusammenbleiben, um auch ihre Verpflichtungen den Kindern gegenüber zu erfüllen. Die Kinder könnten mehr Bezugspersonen haben und würden außerdem Toleranz lernen.
- Wer einen Partner verliert, wird zwar traurig sein, aber nicht haltlos, weil noch andere Partner da sind. Er gerät aus diesem Grund auch weniger in Versuchung, sich auf flüchtige Abenteuer einzulassen.
- Die einzelnen Partnerschaften werden sicherer. Man müßte nicht mehr befürchten, von einem Partner verlassen zu werden, weil er eine neue Beziehung findet. Häufig ergeben sich Schwierigkeiten für alte und neue Partnerschaften gerade aus der Angst vor dem Verlassenwerden. Wenn diese wegfällt, wird es einfacher, Gefühle wie Eifersucht zu überwinden und die Beziehungen des Partners zu akzeptieren.

Ideal wäre es, wenn sich aus mehreren Partnerschaften eine größere Gemeinschaft ergeben würde, wie in der positiven Variante des obengenannten Beispiels. Dies könnte die moderne Form der Großfamilie werden und hätte auch die Vorteile einer solchen. Dabei müßte man miteinander umgehen wie mit Verwandten, mit denen man zumindest vernünftig auskommen muß, auch wenn sie einem nicht unbedingt nahestehen.

Immer wieder wird behauptet, dergleichen sei, ebenso wie die Polygamie, überhaupt nicht durchführbar. Meistens werden diese Einwände kaum logisch begründet. Sie werden widerlegt durch ganze Völker, bei denen (allerdings meistens einseitige) Polygamie praktiziert wird. Es ist in solchen Gesellschaften auch üblich, daß sich beispielsweise die Frauen eines Mannes als Familienmitglieder betrachten, und auch in westlichen Ländern gibt es Menschen, die erfolgreich in mehreren Beziehungen leben und deren Partner freundschaftlich miteinander verkehren.

Voraussetzungen für das Leben mit mehreren Partnern

Die erotische Freiheit beginnt beim einzelnen. Sie beruht auf den Komponenten Selbstbewußtsein, Selbsterkenntnis, Selbstverantwortung, Selbstbeherrschung, Konsequenz, Disziplin, Toleranz, Stabilität und Offenheit gegenüber anderen. Die Philosophin Jeanne Hersch formulierte dies sehr treffend: »Um frei und verantwortlich zu sein, muß man zuerst Herr seiner selbst werden, und um Herr seiner selbst zu werden, muß man all das respektieren, was man als wesentlich ansieht. Diese verantwortliche Freiheit gehört außerdem nicht einem allein; sie gehört auch dem anderen. Das heißt, daß das freie, verantwortliche Verhalten auch die Achtung vor der möglichen Freiheit und Verantwortung des anderen miteinschließt. Das ist letztlich, was man unter Moral versteht. Es geht also nicht mehr um bloße sexuelle Befreiung oder etwas Ähnliches, sondern es geht darum, im anderen das zu respektieren, was in ihm verantwortliche Freiheit werden kann.«

- Selbstbewußtsein bedeutet, daß jeder Mensch sich selbständig bewußt wird, was er will und was nicht. Dies kann jede Form des partnerschaftlichen Lebens sein, natürlich auch Monogamie.
- Selbsterkenntnis ist die Voraussetzung für Selbstbewußtsein. Man muß sich selbst kennen und wissen, wer man ist. Zur Selbsterkenntnis können Beziehungen Wesentliches beitragen.
- Selbstverantwortung bedeutet, daß jeder nach innen und nach außen die Verantwortung für sein Handeln übernimmt.
- Selbstbeherrschung ist Voraussetzung für alle anderen Komponenten. Unmittelbar verbunden mit ihr ist Disziplin. Sie beinhaltet die Fähigkeit, kontrolliert und systematisch durchzuführen, was man sich vorgenommen hat. Überspitzt ausgedrückt: Wer polygam leben will, müßte auch monogam leben können, wenn er sich dafür entscheidet, und umgekehrt. Wer keine Disziplin hat, wird auf Dauer weder zur Polygamie noch zur Monogamie fähig sein. Er wird so oder so über kurz oder lang im Chaos landen.

Disziplin ist auch notwendig, um mit exaltierten oder negativen Gefühlen fertig zu werden. Man kann und muß sie nicht verdrängen, sondern vielmehr logisch analysieren. Außerdem kann man sich gegenüber anderen Personen beherrschen und Handlungen abwägen.

Häufig stört Eifersucht ein Leben mit mehreren Partnern. Sie wirkt destruktiv und basiert meist auf Unsicherheit, mangelndem Selbstwertgefühl oder falsch verstandenem Egoismus. Deswegen ist es unverständlich, daß auch intelligente Menschen dieses negative Gefühl als Argument für Monogamie ansehen. Mit Eifersucht sollte ein erwachsener Mensch fertig werden.

Auch Aids zwingt zu diszipliniertem Verhalten. Selbst wenn ein Mittel gegen Aids gefunden wird, sollte man weiterhin diszipliniert leben, denn wer weiß, welche unheilbare Krankheit als nächste kommt.

- Konsequenz bedeutet, daß Denken, Handeln und Meinungsäußerungen übereinstimmen. Wer polygam lebt, ist unglaubwürdig, wenn er gegenüber Drittpersonen behauptet, Monogamie wäre das einzig richtige. Daß jemand monogam lebt, aber für Polygamie plädiert, dürfte selten vorkommen. Wer seine Meinung ändert, möge dazu stehen.

- Toleranz ist eine weitere wichtige Voraussetzung für erotische Freiheit. Niemand soll seinen Lebensstil anderen aufzwingen wollen – auch nicht seinen Partnern. Wer monogam lebt, kann dies für sich tun, aber nicht, wie es so oft geschieht, auch von seinem Partner verlangen. Wer polygam lebt, kann seinen Partner nicht gegen dessen Überzeugung dazu verführen oder gar zwingen. Zur Toleranz gehört auch Respekt vor anderen Beziehungen eines Partners, vor bereits bestehenden und vor neuen.

- Stabilität bedeutet Dauerhaftigkeit und Harmonie in den einzelnen Beziehungen. Damit ist nicht gemeint, daß Auseinandersetzungen vermieden werden sollen. Im Gegenteil, Problemen muß man sich stellen. Konflikte verdrängen und ihnen ausweichen frißt Energie. Außerdem bestehen die Probleme unter der Oberfläche weiter und können eines Tages explosionsartig und sogar katastrophal zutage treten. Eine problematische Beziehung kann sich negativ auf alle anderen auswirken. Andererseits haben besonders schöne und anregende Beziehungen auf andere einen positiven Einfluß.

• Offenheit ist entscheidend. Wer mehrere Beziehungen hat, sollte dazu stehen. Es ist unehrlich, einem Partner etwas vorzumachen, beispielsweise, daß er der einzige sei, mit dem man sexuell verkehre. Andererseits ist es jedoch auch nicht notwendig, daß man die Namen der anderen Partner nennt. Es gibt eine feine Grenze zwischen Offenheit und Indiskretion. Hier gehen die Meinungen auseinander. Es kann vorkommen, daß ein Partner möglichst weitgehende Offenheit und ein anderer Diskretion wünscht. Wenn man zwei Partner mit so gegensätzlichen Ansichten hat, mag es manchmal schwierig sein, beides zu berücksichtigen.

Einwände gegen die Polygamie und was sich darauf erwidern läßt

Wer mit mehreren Partnern lebt, wird immer wieder mit Vorurteilen konfrontiert. Die meisten sind irrational, viele sind Behauptungen und sogar Boshaftigkeiten. Natürlich ist es am positivsten, darauf mit einem aufbauenden Argument zu antworten. In gewissen Situationen ist Angriff die beste Verteidigung. Eine Gegenfrage wirkt auch immer gut, und manchmal bleibt einem nichts anderes übrig, als mit einer Boshaftigkeit zu kontern. Im folgenden sind die gängigsten Vorurteile aufgelistet, mit entsprechenden Antworten und Argumenten:

• *Die bestehende Lebenspartnerschaft funktioniert nicht.* – Das ist eine Unterstellung. Darauf gibt es zwei mögliche Antworten: »Die Lebenspartnerschaft ist gut, aber sie befriedigt nicht alle Bedürfnisse, und ich brauche eine Ergänzung« oder »Die Lebenspartnerschaft ist gut und manchmal sogar ausgezeichnet.« Dann folgt aber häufig gleich die Frage: »Wenn du eine befriedigende Lebenspartnerschaft hast, warum hast du dann andere Beziehungen?« – »Warum nicht? Als Zusatzfreude. Liebe kann man nie genug bekommen und vergeben«, könnte man vorerst antworten und das wichtige Argument anfügen: »Je besser und ehrlicher die Beziehungen, also auch die Lebenspartnerschaft, sind, desto besser funktioniert auch die Polygamie.« Allerdings muß gerade die Frage, warum *eine* befriedigende Beziehung nicht genügt, ausführlicher beantwortet werden. Sie hat Parallelen in der Kindererziehung. »Ein Kind muß lernen, mit dem zufrieden zu sein, was es hat«, heißt es. Das gilt für materielle Güter, aber nicht für geistige und seelische. Sich auf eine Partnerschaft zu beschränken, kommt einer Spezialisierung auf ein Fachgebiet gleich. Natürlich brauchen wir Spezialisten, aber Generalisten ebenfalls. Man kann die Flucht nach vorn ergreifen und sagen: »Ich will mich nicht auf eine Beziehung beschränken« oder »Ich will möglichst vielseitig leben«. Auch die beste Zweierbeziehung kann jedoch niemals alle Bedürfnisse beider Partner decken. Außerdem steht jeder, sofern er nicht zurückgezogen lebt, im ständigen Kontakt mit anderen Menschen. Warum sollte dieser auf die geistige und seelische Ebene beschränkt sein und der Körper ausgeklammert werden?
Eine Metapher ist oft sehr hilfreich bei solchen Ge-

sprächen. Fragen Sie Ihr Gegenüber, was es mit einem kostbaren Edelstein anfangen würde. Dann kann es beispielsweise antworten: »Ich würde ein Schmuckstück daraus machen lassen.« Gut, das ist aber nicht möglich ohne Gold, Silber oder andere Edelmetalle. Wenn der kostbare Edelstein also die Lebensbeziehung ist, benötigt man andere Beziehungen (die geistig und körperlich sein können), um daraus ein Schmuckstück zu machen. Man kann den Stein auch als Glanzstück in ein Mosaik einbauen. Die Verarbeitung des Edelsteins zu einem Schmuckstück oder Kunstwerk entspricht der offenen Partnerschaft. Sie ist wertvoll, und ergänzende Beziehungen machen sie noch wertvoller und einmaliger. Außerdem können sich viele Menschen daran erfreuen.

Natürlich läßt sich ein Edelstein auch unbearbeitet ausstellen, beispielsweise auf einem Möbelstück oder in einer Vitrine hinter Glas verschlossen. Ein Edelstein kann auch in einen Banksafe eingeschlossen werden, was der Zweierbeziehung entspricht, mit Eifersucht und Überwachung. Ein Edelstein in einem Banksafe nützt niemandem etwas, auch nicht dem Besitzer. Er bringt keine Zinsen, man kann ihn nicht ansehen oder verarbeiten. Wer glaubt, das wäre eine Kapitalanlage, macht die Rechnung ohne die Finanzexperten. Edelsteine lassen sich selten zu ihrem vollen Wert verkaufen.

Die meisten monogamen Zweierbeziehungen gleichen mehr oder weniger wertvollen Steinen hinter Glas. Dritte können sie betrachten, aber nicht berühren, und auch die Beteiligten selbst befinden sich hinter Glas. Allenfalls kann die Scheibe geöffnet werden, in den meisten Fällen bleibt sie jedoch verschlossen. Jeder einzelne muß sich entscheiden, ob er gegenüber Dritten hinter Glas, also auf Distanz leben will oder nicht. Berührungen von Menschen schaden den Edelsteinen nicht; je härter diese sind, desto weniger. (Diamant kann nur durch Diamant bearbeitet werden.) Wenn Fingerabdrücke hinterlassen werden, können die Steine gereinigt werden. Darüber hinaus kann und soll man ja auch die Menschen, die einen Edelstein in die Hand nehmen dürfen, aussuchen.

- *Du verletzt deine Partner!* – »Warum sollen meine Partner verletzt sein, wenn ich mich freue? Wenn sie mich lieben, werden sie sich mit mir freuen oder sich wenigstens neutral verhalten. Sie wissen ja, daß ich sie nicht wegen anderen verlasse.« Diese Antwort wird dem Gesprächspartner vorerst den Wind aus den Segeln nehmen. In dieser Zeit kann man sich andere Argumente zurechtlegen, denn die Diskussion wird sicher weitergehen, und das Thema zu wechseln ist in diesem Fall ein Ausweichen. Das Argument, daß »Untreue« den Partner verletzen kann, hat zumindest für konventionell denkende Menschen einen wahren Hintergrund, worauf an anderer Stelle noch eingegangen wird. Es kann tatsächlich schmerzen, wenn der Partner »untreu« ist. Viele vergraben sich in ihrem Kummer und beachten nicht, was sonst auf der Welt vorgeht. Dabei reicht schon eine Nachrichtensendung, und der Schmerz ist relativiert. Hunger, Krieg, Krankheiten, Umweltkatastrophen, Vergewaltigungslager usw. – das bedeutet wirkliches Leid! Das Verhalten vieler Menschen nach einer »Untreue« des Partners zeigt, wie sehr Monogamie zu absurdem, negativem Egoismus verleiten kann. (Zu ähnlichem Egoismus führen auch Liebesbeziehungen, die aus irgendwelchen Gründen nicht funktionieren, oder unerwiderte Liebe.) Statt am Partner und seiner Freude an der neuen Partnerschaft zumindest Anteil zu nehmen, zieht man sich zurück, macht ihm Vorwürfe oder schlägt Krach. Noch schlimmer wird es, wenn man ihn erpreßt, nach dem Prinzip: »Ich leide, also gib deine neue Beziehung auf.« Dabei kann man den Menschen, die sich so verhalten, keine Vorwürfe machen. Sie werden ja von allen Seiten dazu ermutigt.

- *Du verlierst deine Identität* oder *Du nimmst deinem Partner die Identität.* – »Unsere Identität besteht unabhängig von Beziehungen.« Dieses Argument wird manchmal aus dem Zusammenhang heraus zitiert. Es muß aber genauer erklärt werden. Esther Vilar benutzt es in dem Buch »Das polygame Geschlecht«. Sie erwähnt Klaus Wagn: »Was Zeit ist und was nicht«: »Was jemand oder etwas ist, sagt Wagn, wird von allem anderen definiert ... Die anderen machen mich zu dem, was ich bin, ohne ihre Definition wäre ich kein Individuum, denn ich hätte keine Eigenschaften und wäre von nichts und niemandem verschieden.« Definiert wird man, gemäß Esther Vilar, am umfassendsten und genauesten von seinem Geliebten. »Dadurch, daß er ausgerechnet mich erwählt hat, macht mein Geliebter mich zu etwas Einmaligem auf dieser Welt: *Ich* werde von ihm geliebt, kein anderer. Wenn es eine glückliche Liebe ist, werden die Definitionen von Tag zu Tag genauer, nach jedem Rendezvous weiß ich noch besser, wer ich bin. Die anderen können über mich sagen, was sie wollen, ich glaube ihnen kein Wort. Nur mein Geliebter darf mir sagen, wie ich bin ... Verläßt mich mein Geliebter, so entsteht ein unmittelbarer, akuter Definitionsmangel, ein Zustand totaler Freiheit, auf den ich nur ... mit Existenzangst reagieren kann.« Deswegen muß die Liebe monogam sein: »Bigamie ist eine höchst unpräzise Definition ... Wenn ich mich dem Urteil von verschiedenen Menschen unterwerfe, weiß ich nicht, wer ich bin ... Wenn mein Geliebter mit seiner Liebe noch einen anderen definiert, verliere ich meine Identität. Ich werde wie der andere, der von meinem Geliebten ebenfalls geliebt wird ... Ich bekomme einen Doppelgänger. Um wieder einmalig zu werden, muß ich den Doppelgänger vernichten oder mir einen neuen Geliebten suchen.« Kurz zusammengefaßt mit einem Satz frei nach dem Philosophen René Descartes: »Ich werde geliebt, also bin ich.«

Darauf kann man antworten: »Ich bin, also liebe ich.« Liebe, vor allem die Liebe zu mehreren, beruht, wie schon festgestellt, auf Selbstbewußtsein und Selbsterkenntnis. Sie erfordert, daß jeder sich selbst definiert, statt sich von anderen definieren zu lassen. Am besten wüßte man schon, bevor man jemals ein Rendezvous hat, wer man ist. Das ist von jungen Menschen meistens zuviel verlangt. Um sich selbst zu definieren, braucht man Welt- und Menschenkenntnis und Lebenserfahrung, um die Regeln und Kriterien der möglichen Definitionen zu kennen. Es ist schon viel, wenn junge Menschen vor der ersten Liebe eine summarische Vorstellung von ihrem Charakter und ihren Lebenszielen haben. Natürlich tragen Liebesbeziehungen dazu bei, daß ein junger Mensch lernt, sich selbst zu definieren. Das kann ein schwieriger, aber lohnender Prozeß sein. Je umfassender ein Mensch sich selbst definiert, desto unabhängiger ist er und desto eher kann er mehrere Partner lieben. Dann wird er auch die Liebe eines Partners zu einer dritten Person als Bereicherung betrachten. Sie ist für den Partner eine Ergänzung und liefert neue Anregungen für seine Entwick-

64

lung, die wiederum allen anderen Partnern zugute kommt.

- *Du verletzt dich selbst!* – »Bin ich masochistisch? Seh' ich so aus?« Auf diese Gegenfrage wird der Gesprächspartner wahrscheinlich mit Nein antworten. Dann kann man fragen: »Warum also sollte ich mich freiwillig verletzen?« oder, wenn der Gesprächspartner mit Ja antwortet: »Warum bin ich Ihrer Meinung nach masochistisch?« Dadurch wird der Gesprächspartner gezwungen, seine Unterstellung zu begründen. Häufig wird er an diesem Punkt das Thema wechseln. Solche Behauptungen werden oft aufgestellt, wenn jemand seine eigenen Probleme auf jemand anderen überträgt. Dann hilft es nichts, wenn man die Unterstellung zu widerlegen versucht. Auch alle Beteuerungsversuche, daß man sich bei der selbstgewählten Lebensform glücklich fühlt, werden nichts nützen. Wenn man den Gesprächspartner nicht in Verlegenheit bringen will, wechselt man am besten selbst das Thema.

- *Du nimmst von jedem nur das Beste!* – »Na und? Was ist daran schlecht?« Dieses Vorurteil wirkt wie die Ermahnung der Mütter an ihre Kinder: »Iß den Teller leer, und nicht nur das, was dir schmeckt!« Das Kind wird, je nach Charakter, zuerst das essen, was es besonders gern mag, oder es kann seine Leibspeisen bis zum Schluß aufheben. Nur sind sie bis dahin womöglich kalt geworden und schmecken nicht mehr so, wie sie sollten. Warum soll man nicht die positiven Eigenschaften eines Partners schätzen, bevor man sich mit den negativen auseinandersetzt? Konflikte tauchen in jeder ernsthaften Beziehung auf, und zwar früh genug. Bis dahin kann man ruhig das Schöne genießen. Probleme werden leichter bewältigt, wenn man die wertvollen Eigenschaften eines Partners kennt und darum weiß, daß sich die Auseinandersetzung lohnt. Von jedem das Beste zu nehmen ist allerdings dann gefährlich, wenn man das Negative in einer Partnerschaft nicht wahrhaben will. Dann kann es passieren, daß die Probleme überhandnehmen.

- *Du willst dich nicht voll auf eine Lebenspartnerschaft einlassen und willst Ausweichmöglichkeiten haben für allfällige Probleme.* – »Im Gegenteil, ich will alle meine Partnerschaften möglichst umfassend erleben. Voraussetzung dafür ist, daß ich vor nichts ausweiche, am wenigsten vor Auseinandersetzungen. Ungelöste Probleme können sich negativ auf das Ganze auswirken, also muß ich sie bearbeiten mit dem betreffenden Partner.« Dann antwortet der Gesprächspartner möglicherweise mit einem anderen beliebten Argument: »Das ist aber ganz schön anstrengend, mehrere Partner und mit jedem sicher irgendwann Probleme. So reibst du dich ja auf.« – »Seit wann sind Schwierigkeiten ein Argument gegen etwas? Sie sind im Gegenteil eine Herausforderung. Was erkämpft wird, ist oft wertvoller als das, was einem in den Schoß fällt. Außerdem ist auch das Leben mit mehreren Partnern eine Erfahrungssache. Mit der Zeit lernt man, wie man am besten mit Schwierigkeiten fertig wird.« – »Das, was du jetzt sagst, kann aber auch für monogame Beziehungen gelten.« – »Sicher. Wer nicht monogam sein könnte, wenn er wollte, wird auch nicht erfolgreich dauerhafte Beziehungen zu mehreren Partnern haben können.«

- *Du wirst im Alter allein dastehen.* – »Ich habe Chancen, im Alter nicht allein zu sein. Häufig passiert das den Menschen, die sich auf einen Partner beschränken und diesen durch Tod verlieren. Habe ich aber mehrere, so kann ich hoffen, daß im vorgerückten Alter wenigstens einer übrigbleibt.«

- *Du zwingst deinen Partner, auch polygam zu sein. Das passiert zumindest indirekt, weil er sicher auch mehrere Partnerschaften will, wenn du mehrere hast.* – »Und wo bleibt die gute alte Selbstverantwortung. Wenn mein Partner weitere Beziehungen sucht, weil ich welche habe, ist das seine Entscheidung. Wenn er sich von mir beeinflussen läßt, ist das sein Problem.«

- *Wer zwei liebt, liebt jeden nur halb.* – »Umgekehrt könnte es auch sein. Liebe ist unendlich und vermehrt sich, je mehr man liebt. Wer zwei Menschen liebt, kann jeden doppelt lieben.« Dieses Argument wird oft noch verstärkt, indem man sagt: »Wer mehrere zu lieben glaubt, liebt in Wirklichkeit keinen.« So wird die Liebesfähigkeit der polygamen Menschen in Frage gestellt. Das ist eine irrationale und reichlich verletzende Behauptung. Eine positive Antwort ist: »Die Fähigkeit, mehrere zu lieben, betrachte ich als meine beste Eigenschaft.«

Wie natürlich ist die Polygamie?

Man kann davon ausgehen, daß der Mensch von Natur aus über viele Möglichkeiten verfügt, seine Sexualität auszuleben. Diese hat er bestimmt nicht, um sie zu unterdrücken und sich nur auf eine zu beschränken. Im Gegenteil, Möglichkeiten und Fähigkeiten sollen positiv angewendet werden. Es gibt individuelle Ausprägungen der Sexualität wie gleichgeschlechtliche Beziehungen oder Selbstbefriedigung. Von der Polygamie gibt es die verschiedensten Varianten. Auch die Monogamie ist eine Möglichkeit unter anderen.

Die Psychoanalytikerin Louise J. Kaplan drückt dies in ihrem Buch »Weibliche Perversionen« sehr deutlich aus: »Die menschliche Sexualität ist *polymorph,* das bedeutet, daß sie verschiedene Formen annehmen kann ... Unsere Sexualität kann viele verschiedene Ursprünge im Körper haben; unsere Sexualität kann auf viele verschiedene Weisen und mit Hilfe jedes körperlichen Organs Erfüllung suchen, unser erotisches Begehren sich auf alle Personen und Objekte richten. Es ist wirklich sehr schwer für Menschen, all diese Komponenten der Sexualität, all diese Möglichkeiten der Befriedigung zusammenzubringen und mit einem Partner des anderen Geschlechts die sogenannte Normalität des genitalen Sex zu erreichen ... Da menschliche Sexualität stärker von der Vorstellungskraft und der Phantasie als von biologischen Faktoren abhängt, ist nichts, das mit unserer Sexualität zusammenhängt, festgelegt.« Louise J. Kaplan macht dazu folgende interessante Bemerkung: »Unsere Sexualität ist von besonderer Art und hat keine Parallele im Tierreich. Die Einzigartigkeit unserer Sexualität macht es möglich, daß wir weder von der Gesellschaft noch von der Natur beherrscht werden müssen. Im Gegenteil, uns bleibt, da wir beiden zum Teil untertan sind, die Erbarmungslosigkeit der ausschließlichen Herrschaft einer der beiden erspart.«

Das Monogamie-Ideal entspricht einer historischen Entwicklungsstufe, die heute überholt ist. Es stammt aus einer Epoche, in der die Menschen versuchten, sich mit der Natur zumindest zu arrangieren. Dazu wurden sie auch durch den Überlebenskampf gezwungen. Die Natur war ja ursprünglich für den Menschen auch eine Bedrohung, und die Menschen versuchten, mit dieser fertig zu werden. Dies führte einerseits zu hohen Kulturen, aber andererseits auch zu dem Wahn, die Menschen könnten die Natur überwinden. Die Menschen als die – wie sie glauben, ob es wirklich so ist, ist eine andere Frage – höchstentwickelten Wesen betrachten es offensichtlich als Herausforderung, die Natur zu manipulieren oder zu unterdrücken. Die Monogamie ist eines der Ideale, die als Folge davon entstanden sind: Der Reiz dieses Ideals ist seine Widernatürlichkeit und die Schwierigkeiten, die daraus entstehen. Wohlverstanden: Die Monogamie als solche ist nicht widernatürlich, wenn zwei Menschen sich beide freiwillig dafür entscheiden. Dann ist es, wie erwähnt, eine Variante der menschlichen Sexualität. Widernatürlich ist es aber, die Monogamie zu einem Ideal zu machen und diese Lebensform anderen Menschen aufzwingen zu wollen!

Die Menschheit neigt offensichtlich dazu, sich künstlich Probleme und Herausforderungen zu schaffen, obwohl doch genügend natürliche vorhanden sind. Die Menschen bilden sich ein, sie könnten die Naturgesetze ändern oder ausschalten. Das ist, wie man heute einsehen muß, ein gefährlicher Trugschluß. Die Menschen müssen endlich lernen, ihre Natur zu akzeptieren! Auch wenn diese sogenannten »humanistischen« Idealen widerspricht. Gerade in der heutigen Zeit können wir es uns überhaupt nicht leisten, Idealen nachzujagen, die nicht funktionieren. Dies ist Verschwendung von Energie, die wir dringend brauchen, um wirkliche Schwierigkeiten zu bewältigen.

Plädoyer für eine erotische Revolution

Wir hatten in diesem Jahrhundert zwei große Bewegungen, die sexuelle Befreiung anstrebten. Die eine fand am Anfang dieses Jahrhunderts statt. Philosophen, Psychologen und Wissenschaftler relativierten die restriktive Moral des neunzehnten Jahrhunderts. Größere Freiheit wurde propagiert und durchgesetzt, und zwar für beide Geschlechter. Diese Bewegung hatte eine nachhaltige Wirkung. Dabei ist zu bedenken, daß im letzten Jahrhundert die Entscheidungsfreiheit der Menschen über ihren Körper durch Erziehung und Kirche sehr eingeengt wurde. Vieles, was uns heute selbstverständlich erscheint, wie z. B. Selbstbefriedigung, außereheliche Geschlechtsverkehr und manche erotische Praktiken, war damals verpönt und wurde teilweise streng sanktioniert. Erotische Lust war sogar in der Ehe häufig nicht erwünscht, jedenfalls nicht für die Frau. Bekanntlich sprach man ihr sogar die Fähigkeit ab, sexuelle Erregung zu empfinden. Die sexuelle Revolution am Anfang dieses Jahrhunderts bewirkte somit eine wirkliche Befreiung. Die Menschen gewannen das Verfügungsrecht über ihren eigenen Körper, das in der Antike noch bestanden hatte, zurück, wodurch viele gelernt haben, die Sexualität als Teil der menschlichen Natur zu akzeptieren.

Allerdings blieb die monogame Ehe immer noch das Ideal. Diese durfte nun allerdings, im Gegensatz zu früher, erotisch sein. Der erfolgreiche Autor Van de Velde schrieb in seinem Klassiker »Die vollkommene Ehe«, der auch heute noch lesenswert ist: »Aus Hoch-Zeit soll Hoch-Ehe« werden. »Ein harmonisches, blühendes Geschlechtsleben [ist ein] Eckpfeiler für das Gebäude des ehelichen Glückes.

Er soll sehr stark sein und gut gefügt, denn er hat einen großen Teil der Gesamtlast zu tragen.« Für Van de Velde ist das Geschlechtsleben in der Ehe ein Bollwerk gegen den Zerfall der Ehe: »In diesem Kampf zwischen instinktiver geschlechtlicher Abstoßung und triebhafter sexueller Anziehung gibt es neben der Hilfe der ... zur höchsten Potenz entwickelten rein seelischen Gefühle nur ein wirksames Mittel zur Rettung der Ehe. Das ist die rechtzeitige Verstärkung der sexuellen Anziehungskräfte, so daß die entgegengesetzten überhaupt nicht in die Lage kommen, sich zu offenbaren.« Van de Velde war es klar, daß die monogame Ehe auf Beschränkung beruht, wie das folgende Zitat zeigt: »Denn sie [das Ehepaar] geloben sich das Höchste, das Schönste, aber auch das Schwerste, was Mann und Weib sich geloben können: für ihr ganzes Leben die Ströme ihrer Liebesgefühle eingedämmt zu halten und sie stets in dieselbe Richtung zu leiten; und lange, lange Jahre, immer und immer wieder füreinander das Beste übrig zu haben, was je Gatte und Gattin, was je Mensch und Mensch sich zu spenden vermögen.« Hier muß eine Frage gestellt werden: Ist dieses Beste so beschränkt, daß zwei liebende Menschen es nur jeweils an den andern, aber nicht an weitere Menschen vergeben können?

Die zweite Bewegung war die sogenannte sexuelle Revolution Ende er sechziger Jahre. Diese ging nicht in die Tiefe, was sicherlich darin begründet lag, daß die sexuelle Freiheit kaum geistig begründet wurde. Sozialistische Philosophien eigneten sich dazu nur bedingt. Höchstenfalls wurde nach 1968 fortgesetzt, was sich bereits am Anfang dieses Jahrhunderts entwickelt hatte – allerdings häufig auf negative Art. Beispielsweise entstand ein überspitzter Feminismus, dessen destruktive Wirkung heute noch anhält.

Das Ziel der 68er war es nicht, mehrere dauernde und tiefe Beziehungen miteinander zu koordinieren. Im Gegenteil, wer 1968 bewußt erlebt hat, erinnert sich an den Spruch: »Wer zweimal mit der gleichen pennt, gehört schon zum Establishment.« Und zum Establishment wollte damals keiner gehören. Aus dieser Einstellung heraus konnten natürlich keine konstruktiven Konzepte entstehen. Daß diese fehlten, war eine der Hauptursachen für das Scheitern der sexuellen Revolution von 1968.

Hinzu kam, daß viele der damaligen älteren Generation nachholen wollten, was sie in der Jugend unterlassen hatten, und häufig undisziplinierte Sexualität praktizierten. Diesen Fehler sollte man in vorgerücktem Alter nicht mehr machen. In der Jugend mag eine Periode des Sichaustobens als nützliche Erfahrung dienen, und ein denkender Mensch wird nachher für den Rest seines Lebens genug davon haben. Wer aber dasselbe mit fünfzig tut, wirkt lächerlich. Der heutigen Jugend, die wegen Aids nur beschränkt experimentieren kann, droht die Gefahr, daß sie, sobald ein Mittel gegen Aids gefunden wurde, um so undisziplinierter lebt.

Typisch für den Verlauf der sexuellen Revolution von 1968 ist die Entwicklung des Konkubinats. In den sechziger Jahren erforderte es Mut. Es zählte wie auch die Wohngemeinschaft (damals »Kommune« genannt) zu den neuen Lebensformen. Heute ist das Konkubinat die Spießbürgerlichkeit par excellence und eine halbherzige Sache. Dies gilt zwar nicht für alle Konkubinatspaare, aber sicher für viele. Es gibt den Trend zur sogenannten »neuen Treue« oder, besser ausgedrückt, zur »Zweierkiste« – ein treffendes Wort. Die Sexwelle hat uns an den Strand der alten doppelten Moral gespült. Übrig geblieben davon ist die problematische halbe Freiheit, sich eine Lebensform zu wählen, die aber doch dem Monogamie-Ideal entsprechen sollte.

Heute ist eine sexuelle Revolution wünschenswert, die tiefer greift als die bisherigen, und das möglichst rasch, hoffentlich noch in diesem Jahrhundert. Die Ereignisse der letzten Jahre haben gezeigt, daß Revolutionen auch positiv und gewaltlos verlaufen können. Möge auf die politische Befreiung auch die sexuelle folgen!

Eine Umwälzung auf sexueller Ebene kann sich natürlich nicht auf die gleiche Art wie eine politische mit Massendemonstrationen und Regierungsstürzen abspielen. Die erotische Revolution beginnt beim einzelnen. Vor allem ist es notwendig, daß die polygame Mehrheit ehrlich zu ihrem Handeln steht und das Monogamie-Ideal überprüft. Wenn viele einzelne erotische Freiheit (mit den oben genannten Voraussetzungen) praktizieren und dazu stehen, wirkt sich das automatisch positiv auf die Gesellschaft aus. Natürlich kann und soll über Polygamie auch in der Öffentlichkeit diskutiert werden.

Mit einer Umwälzung allein ist es nicht getan. Ihr muß eine konstruktive Neuordnung der Gesellschaft folgen, und zwar so rasch wie möglich. Anderenfalls würde ein Chaos entstehen. Aus den Ereignissen in Osteuropa und der GUS können wir lernen, daß selbst eine friedliche Revolution zu problematischen Zuständen führen kann, wenn die Konzepte für eine Neuordnung fehlen. Dies gilt auch für eine Umwälzung auf dem Gebiet des Privat- und Familienlebens. Wir brauchen neue Konzepte, damit eine stabile Gesellschaftsordnung entstehen kann.

Und wir brauchen Vorbilder. Sehr nützlich wäre die Unterstützung von seiten der Politiker, Wirtschaftsführer und sonstiger Prominenter, die die Liebe zu mehreren Partnern diszipliniert praktizieren, sich in der Öffentlichkeit offensiv dazu bekennen und Informationen über diese Lebensweise anbieten. Ein positives Beispiel sind Oswald und Marlies Kolle, die sich beispielsweise im Fernsehen zu ihrer offenen Ehe nach dem Motto »Liebe für ein Leben, aber Freiheit zu anderen Beziehungen, auch sexuellen« bekannten. Wer von sich aus zu seinen Handlungen steht, wirkt überzeugend. Auf diese Art kann sogar eine gewisse Diskretion erreicht werden. Dagegen gibt es gemäß PR-Regeln nichts Dümmeres, als immer nur zuzugeben, was einem andere nachweisen. So provoziert man geradezu überraschende Enthüllungen, Erpressungen und Schlammschlachten. Hingegen läßt sich durch Ehrlichkeit, die sich in den Grenzen des guten Geschmackes bewegt, der Öffentlichkeit ein positives Beispiel bieten.

Konzepte für das Leben mit mehreren Partnern müssen auch von offiziellen Stellen geschaffen und unterstützt werden. Anleitungen, wie man Stabilität mit Freiheit und Ehrlichkeit verbindet, müßten einer breiten Öffentlichkeit präsentiert werden. Dafür gäbe es jede Menge Möglichkeiten wie Kurse, Fernsehsendungen, Zeitungsartikel, Diskussionsabende usw. Dies wäre ein sinnvoller Einsatz von Steuergeldern. Durch eine gezielte Erwachsenenbildung könnten so der Zerfall von Familien und sonstiger Partnerschaften und die daraus resultierenden sozialen Probleme vermindert werden.

Ehe in Freiheit

Die Ehe gilt heute als eine Institution für sexuelle Befriedigung. In früheren Jahrhunderten hatte die Ehe eine gesellschaftliche Bedeutung, die über das Privatleben hinausging. Vor allem in aristokratischen Gesellschaften, z. B. im siebzehnten und achtzehnten Jahrhundert, suchte man erotische Befriedigung außerhalb der Ehe. Die Ehepartner hatten aber ein gemeinsames Ziel, namentlich Kinder aufzuziehen und ihren Besitz und das gesellschaftliche Ansehen der Familie zu erhalten. Dieses Modell kann uns als entwicklungsfähiges Vorbild dienen.
Heute haben die Ehepaare häufig kein anderes Ziel mehr als befriedigte Sexualität. Diese muß dazu noch ausschließlich mit dem Ehepartner erreicht werden. Ist sexuelle Befriedigung nicht mehr möglich, läßt man sich, ungeachtet der Verluste, scheiden. Die Ehe ist heute in vielen Fällen reduziert auf den Besitz der Geschlechtsorgane des Partners. Dies ist die niedrigste Art von Ehe, die überhaupt möglich ist.
Höher steht die Liebesehe, die jedoch häufig problematischer ist als die Ehe, die nur auf Sexualität basiert. Die Ehepartner suchen nicht rein sexuelle Befriedigung, sie verlangen auch Gefühle. Wenn möglich muß alles stimmen. Beide sind völlig fixiert aufeinander, verlangen alles voneinander, unter Umständen auch einiges, das der andere nicht zu geben fähig ist. Erfüllt der Ehepartner die Erwartungen nicht, versucht man häufig nicht, die Ehe zu retten oder sich zu arrangieren, sondern läßt sich scheiden. Leider wird dies juristisch noch unterstützt, weil in vielen Ländern Ehebruch ein Scheidungsgrund ist und sich für den »betrogenen« Partner Vorteile bei der Scheidung er-

geben. Dies ist eine undisziplinierte Auffassung der Ehe und kann allerhöchstens dann praktiziert werden, wenn keine Kinder und keine sonstigen Ziele vorhanden sind. Aber dann wäre es nicht notwendig zu heiraten.

In diesem Zusammenhang steht auch die Diskussion über Vergewaltigung in der Ehe. Natürlich ist die Ehe auf unterster Stufe angelangt, wenn ein Partner den anderen vergewaltigt. Trotzdem ist eine Bestrafung unfair, solange gesetzlich gefordert wird, daß man nur mit dem Ehepartner Geschlechtsverkehr haben soll. Ganz abgesehen davon, daß eine Vergewaltigung in der Ehe kaum beweisbar ist, vielleicht am ehesten, wenn sie mit Körperverletzung verbunden ist. Dann aber wäre eine Klage auf Körperverletzung angebrachter. Ein Ehepartner, der vom anderen sexuelle Ausschließlichkeit fordert, hat kein Recht, sich dem anderen dauernd zu entziehen, höchstens in Extremsituationen, beispielsweise bei Krankheit. Vor allem ist es höchst unfair, wenn er den Geschlechtsverkehr verweigert, aber für den Fall eines »Ehebruchs« erpresserische Forderungen stellt. Eine Ehe, in der Sexualität für einen Partner nur Pflicht ist, zu der er gezwungen wird, ist bestimmt nicht ideal. In solchen Fällen wäre es fair zu sagen: »Ich habe keine Lust mehr, aber ich lasse dir die Freiheit, mit anderen zu schlafen. Ich möchte aber die Ehe erhalten, weil sie trotzdem wertvoll ist.« Es ist höchste Zeit, daß die Forderung der »ehelichen Treue« aus den Gesetzen gestrichen wird. Darüber hinaus wäre zu wünschen, daß die Gesellschaft eine positivere Einstellung zur »offenen« Ehe findet. Die Ehe hat trotz der Etablierung anderer Lebensformen in unserer Gesellschaft durchaus nicht an Wertschätzung verloren. Eine charakteristische Aussage machte Oskar Fehrenbach in seinem Artikel »Geht die Ehe unter?«:

»Das Paradoxe an dieser Entwicklung, sie hat die Wertschätzung der Ehe keineswegs gemindert, sondern lediglich die Eheschließung erschwert und unter höheren Risikovorbehalt gestellt. Die Bestätigung dafür liefern nicht nur die Zahlen, die hohe Quote der Wiederverheiratungen und die Forderung gleichgeschlechtlicher Paare nach eherechtlichem Status mit staatlicher Sanktion. Dahinter stecken nicht immer nur Versorgungsgründe, sondern steht auch das ungebrochene Verlangen, der Liebe das Gütesiegel der Lebenslänglichkeit zu verleihen.«

Lebenslängliche Monogamie ist aber, wie wir gesehen haben, eine unrealistische Vorstellung. Deswegen ist es notwendig, eine neue Definition der Ehe zu finden, die Dauerhaftigkeit und Stabilität mit sexueller Freiheit verbindet. Dies wird möglich, wenn man die Ehe als eine Institution zur Weiterentwicklung betrachtet. Als solche soll sie nicht nur die Ehepartner fördern, sondern auch die Kinder und letztlich die Gemeinschaft als Ganzes. Das Wort »Ehe« ist der germanische Ausdruck für Gesetz. Ist dies nicht eine sinnvolle Auffassung von Ehe? Ehe bedeutet demzufolge in erster Linie, daß die Ehepartner ein gemeinsames Ziel haben, das über ihre persönliche Beziehung hinausgeht, z. B. Kinder zu haben und sie zu tüchtigen Menschen zu erziehen. Besteht in einer Ehe ein solches Ziel, steht die persönliche Beziehung der Ehepartner auf breiterer Basis. Die Ehe soll, wenn irgend möglich, ein Leben lang dauern. Das gemeinsame Ziel ist mindestens ebenso wichtig wie die sexuelle oder gefühlsmäßige Befriedigung durch den Partner. Die Erwartungen, die man an den Partner stellt, dürften realistischer sein. Gerade deswegen kann auch die Beziehung der Ehepartner besonders erfüllend sein.

Zu dieser Auffassung der Ehe gehört, daß erotische Befriedigung nicht zwingend mit der Ehe verbunden wird. Wenn diese in der Ehe nicht mehr gewährleistet wird, lassen sich die Partner die Freiheit zu anderen Beziehungen. Sie erhalten aber trotzdem die Ehe aufrecht, im Interesse des gemeinsamen Zieles. Noch wünschenswerter ist es, wenn sich die Ehepartner von Anfang an die Freiheit zu außerehelichen erotischen Beziehungen lassen. Sie betrachten diese als Bereicherung und als Entwicklungsmöglichkeiten für sich und den Ehepartner. So meinte C. G. Jung: »Die Voraussetzung für eine gute Ehe ist die Erlaubnis zur Untreue.« Bei dieser Auffassung wäre es dann denkbar, Vergewaltigung in der Ehe zu bestrafen, weil außereheliche Sexualität ja möglich ist. Scheidung ist höchstens gerechtfertigt, wenn die Ehepartner sich überhaupt nicht mehr verstehen oder einer den anderen mißhandelt. Allerdings wäre es kontraproduktiv, Zwang auszuüben. Die Ehe könnte juristisch als obligationenrechtlicher Vertrag mit Kündigungsfristen verstanden werden. Diese könnten je nach Dauer der Ehe und Anzahl der Kinder mehr oder weniger lang sein.

Die Ehe ist für die Partner eine Verpflichtung, die erfüllt werden muß, und zwar mindestens so lange, bis das gemeinsame Ziel erreicht ist. Im positiven Fall sind die Ehepartner nach dem Erreichen des Zieles so tief miteinander verbunden, daß die Ehe auch nachher weiterbesteht und allenfalls ein neues gemeinsames Ziel gesetzt wird. Im negativen Fall konzentrieren sich die Partner so sehr auf ihr gemeinsames Ziel, daß sie die Beziehung zueinander vernachlässigen. Dann kann die Ehe auseinanderfallen. Viele Ehen werden bekanntlich geschieden, nachdem die Kinder das Haus verlassen haben. Allerdings kann gerade in solchen Fällen die Freiheit außerhalb der Ehe die Trennung der Ehepartner verhindern. Man hat es nicht nötig, sich zu trennen, um andere Partnerschaften zu pflegen. Im positiven Fall können neue Beziehungen der Ehepartner anregend auf die Ehe wirken, so daß diese einen neuen Sinn erhält.

Polygamie – eine Lebensform
für Männer und Frauen

Ist die Polygamie ein Männermodell?

Margot lebt mit ihrem Freund Horst in einer offenen Beziehung. Es ist ihre erste Lebenspartnerschaft. Vorher hatte sie nur einige kurze Affären und sporadische Beziehungen. Margot ist in Künstlerkreisen aufgewachsen. Ihr Vater ist Bildhauer, ihre Mutter Schauspielerin und sie selbst Malerin. Sexuelle Freiheit war für Margot immer selbstverständlich. Ihre Eltern leben in einer »offenen Ehe«, die sehr gut funktioniert, wodurch die Familie einen starken Zusammenhalt hat. Als Margot Horst kennengelernt hatte, schlug sie ihm sofort die gegenseitige Freiheit vor. Sie hat zwei Künstlerkollegen, mit denen sie gern hie und da schläft. Auch wenn diese Beziehungen nur sporadisch sind, will sie sie doch nicht aufgeben. Horst ist damit einverstanden, findet es »toll, daß du mich nicht an die Leine legen willst«. Horst ist Chemiestudent und stammt aus gutbürgerlichem Haus. Seine Eltern sind konservativ. Margot ist für Horst ein erfrischender Kontrast zu seiner Familie, die er als spießbürgerlich empfindet. Als Horst Margot seinen Eltern vorstellt, versteht diese sich gut mit dem Vater, die Mutter hingegen begegnet ihr sehr reserviert. Am Anfang denkt sie, daß man sich eben besser kennenlernen müsse. Aber Horsts Mutter bleibt bei ihrer Ablehnung. Eines Tages fragt sie Horst, warum ihr seine Mutter immer so ablehnend begegnet. »Ach«, meint Horst, »sie hat Vorurteile gegen dich. Weil du aus Künstlerkreisen stammst und außerdem deine Freiheit bewahren willst – irgendwie hat sie das herausbekommen, ich hab' es ihr jedenfalls nicht gesagt –, und nun hält sie dich für ein leichtes Mädchen.« – »Und was ist mit meiner Freiheit nicht in Ordnung«, fragt Margot verletzt. »Meine Eltern leben genauso frei und sind dreißig Jahre verheiratet. Ihre Ehe ist besser als die von vielen anderen, die sich ihre Treue beteuern und sie doch nicht halten.« – »Das meine ich ja auch«, antwortet Horst, der Margots Eltern sehr mag. »Bei euch ist es viel gemütlicher als bei uns. Außerdem ist immer was los. Es ist interessant.« – »Eins verstehe ich aber nicht. Dein Vater findet mich doch offensichtlich sympathisch.« – »Nun, du gefällst ihm. Vielleicht denkt er, er könnte bei dir landen.« Margot findet die Idee eher komisch. Es würde ihr nicht einfallen, mit Horsts Vater ein Verhältnis anzufangen.

Durch Horst lernt Margot Studenten und Studentinnen kennen. Mit diesen kommt es auch zu Diskussionen über Liebe und Freiheit. Horst und Margot bekennen sich offen zu ihrer Lebensform und erwecken damit Neugier. Margot vertritt ihre Ansichten, erzählt auch von ihren Eltern. Dabei muß sie feststellen, daß dies den Männern häufig imponiert, die Frauen aber fast immer heftig und sogar verletzend widersprechen. Einige der Frauen stehen ihr geradezu feindlich gegenüber. Margot ist darüber sehr erstaunt. Daß eine gutbürgerliche Frau nicht begeistert ist von ihrer freien Lebensform, kann sie ja noch verstehen, aber Studentinnen? Als sie einmal bei einer Diskussion die Meinung vertritt, jetzt hätten die Frauen endlich die gleiche sexuelle Freiheit wie die Männer, und sie verstünde nicht, warum sie diese nicht nutzten, lassen die Antworten nicht auf sich warten: »Durchschaust du nicht, daß das ein Trick der Männer ist? Das ist doch ganz wie früher. Sie wollen mehrere haben, und wir sollen ihnen heute jederzeit zur Verfügung stehen. Das hat uns die sogenannte sexuelle Revolution eingebrockt.« – »Aber wir haben doch dasselbe Recht. Wir können ja auch mehrere Männer lieben.« – »Das wollen wir ja gar nicht. Einer genügt uns, wenn es eine gute Beziehung ist. Offensichtlich ist dein Horst nicht der Richtige, sonst würde es dir nicht einfallen, noch andere zu wollen.« Margot ist gekränkt, daß andere sich erlauben, ihre Beziehung zu Horst, die immer besser wird, in Frage zu stellen. Einige Männer, darunter natürlich Horst, unterstützen ihre Thesen. Aber diese werden auch gleich von den Frauen abgekanzelt: »Natürlich, ihr nützt ja immer gleich die Situation aus. Wenn alle Frauen denken würden wie Margot, das könnte euch so passen. Und du, Horst, hast es natürlich bequem, du mußt dich nicht festlegen.« – »Ich betrachte meine Beziehung zu Margot als verbindlich«, meint Horst, »und zwar je länger, desto mehr. Daß sie mir auch Freiheit zu anderen Kontakten läßt, ist ein Grund mehr, bei ihr zu bleiben.« Sie diskutieren noch lange, ohne zu einem Ergebnis zu kommen.

Auch andere Erlebnisse zeigen Margot, daß ihre Einstellung bei Frauen schlecht ankommt. Beispielsweise fährt sie allein in Urlaub, weil Horst gerade eine Prüfung hat. Sie lernt ein älteres Ehepaar kennen und vertritt in der Diskussion ihre Ansichten über Freiheit in der Liebe. Während des restlichen Urlaubs stellt Margot fest, daß die Frau sie wie Luft behandelt, derart abweisend, daß sie sie nicht einmal begrüßen kann. Ihr Mann hingegen nickt ihr zu, wenn seine Frau es nicht sieht, keineswegs frivol, sondern ganz normal. Margot findet das Verhalten der Frau unhöflich, wagt es aber nicht, sie darauf anzusprechen.

Nach dem Urlaub spricht Margot mit ihrer Mutter darüber, daß sie wegen ihrer Ansichten überall von Frauen abgelehnt und sogar angefeindet wird. »Das ist logisch«, meint die Mutter, »wenn monogame Frauen einer Frau begegnen, die frei lebt, bekommen diese es mit der Angst zu tun. Sie glauben, du würdest ihnen die Männer ausspannen oder zumindest mit ihnen schlafen. Diese Frauen wollen ihre Männer aber für sich haben, deswegen lehnen sie dich ab.« – »Aber ich will doch keine Ehen zerstören.« – »Hoffentlich nicht. Aber das glaubt man nicht so ohne weiteres. Ich meine, du redest zuviel, mein Kind. Tu, was du willst, aber schweig darüber. So habe ich es immer gehalten und mir sicher viel Ärger erspart.« – »Aber man kann doch diese Intoleranz nicht einfach schweigend hinnehmen!« ruft Margot aus. »Warum nicht?« fragt die Mutter. »Leb', wie du willst, aber laß auch die anderen so leben, wie sie wollen.« – »Das tu ich doch«, antwortet Margot. »Ich will ja niemanden bekehren.« – »Aber du willst überzeugen. Taten sind wirksamer als Worte.« – »Muß man nicht die Ursachen für dieses Verhalten untersuchen? Die Frauen schaden sich ja auch selbst durch diese Intoleranz, auch wenn sie vielleicht glauben, sie würden ihre Vorteile verteidigen. Schweigen bringt da nichts. Ich bin auch davon überzeugt, daß man neue Konzepte schaffen muß«, meint Margot. »Das wäre sicher nützlich«, antwortet ihre Mutter. »Dann mußt du das aber sorgfältig begründen und darstellen. Das geht nicht so spontan in einer hitzigen Diskussion. Du solltest genau nachdenken, bevor du dich auf Diskussionen einläßt.«

Polyandrie und die Herrschaft der »Großen Göttin«

In der Geschichtsschreibung finden sich Indizien dafür, daß Polygamie bzw. Polyandrie eine Erfindung der Frauen ist. In früheren Jahrtausenden hat es offensichtlich matriarchalische Kulturen gegeben, in denen die Polyandrie nach ähnlichen Regeln praktiziert wurde wie später im Patriarchat die Polygynie. So schreibt Felix Stern in »Wer befreit die Männer?«: »Als Beweise für die untergegangenen weiblichen Hochkulturen, die von 50.000 bis ca. 1.000 v. Chr. in Südosteuropa, im Nahen Osten, Kleinasien und Nordafrika vorgeherrscht haben sollen, werden über 30.000 Venusfiguren aus Stein und Elfenbein an über 3.000 Fundorten, Höhlenmalereien, Statuetten, Schreine und Gräber zur Frauen- und Göttinnenverehrung angesehen ... Die Wiege des Göttinnenglaubens vermutet man in den Steppen von Südrußland, von wo aus er sich in den Mittelmeerraum und über das Tal des Indus bis nach China hin ausbreitete. Grundelement all dieser Mythologien, in denen Männer bedeutungslose Nebenrollen spielten, war der Glaube an eine partnerlose ›Ur-Mutter‹, aus der alles Leben entstand.« Diese Göttinnenverehrung führte gemäß Felix Stern zur Unterdrückung der Männer: »Der weitverbreitete Göttinmythos zwang Männer überall zu blinder Demut gegenüber dem mächtig Weiblichen.« Die Frauen hatten offenbar die Vorherrschaft: »Alle Güter, Rechte, Würden und Kenntnisse wurden hiernach in dieser geraden Mutterlinie vererbt ... Sie [die Männer] waren auch überall dort willkommen, wo es galt den Frauen Arbeit abzunehmen. Sie hatten nur Pflichten, kaum Rechte, und wenn, dann nur durch ›ihre Gnaden‹. Zahlreiche Fresken und Vasen zeigen eine emsig schuftende Mannheit.« In diesen Kulturen hatten die Frauen jede sexuelle Freiheit. »Der Wert des Mannes in solchen Frauenkulturen bemaß sich nach seinem muskulösen und sexuellen Nutzen ... Ohne entsprechende Mannesqualitäten hätten sie in dieser Zeit niemals eine Sexualpartnerin, geschweige denn sonstige Anerkennung gefunden. Männer standen also bereits damals unter Erfolgszwang.« Außerdem wurden Männer den Göttinnen auch wie Tiere geopfert. Vorher mußten sie die Priesterinnen der Göttin bis zur Erschöpfung befriedigen.

In den früheren matriarchalischen Kulturen hatten demnach die Frauen die Macht über Leben und Tod und natürlich auch über die Sexualkraft der Männer. Darüber gibt es verschiedene Dokumentationen. Es lohnt sich auch durchaus, in Antiquariaten danach zu suchen. Beispielsweise gibt es ein interessantes Werk aus dem Jahr 1921, »Männerstaat und Frauenstaat«, von Mathilde Vaerting. Sie berichtet von verschiedenen Völkern und Kulturen, bei denen die Frauen die Vorherrschaft über die Männer hatten: »Der einseitige Gehorsam eines Geschlechtes in der Ehe ist also ein Produkt der eingeschlechtlichen Vorherrschaft und zeigt sich deshalb ganz unabhängig davon, ob der Mann oder die Frau das herrschende Geschlecht ist ... Auch die doppelte Moral, die uns als Begleiterscheinung der männlichen Vorherrschaft wohlbekannt ist, kehrt bei der weiblichen Vorherrschaft genau im umgekehrten Sinne wieder. Dem herrschenden Geschlecht, ob Mann oder Frau, stehen sexuelle Freiheiten zu, die bei dem beherrschten Geschlecht ... streng unterdrückt werden.« Es werden Beispiele der Polyandrie genannt: »Von vielen Frauenstaaten wird ausdrücklich Vielmännerei gemeldet, so von den Garo, Nairs, Thlinket, Eskimos, aus Tibet, Sa-

kai, Birma. Bei den Irokesen ist den Frauen Polygamie ge-
stattet, den Männern hingegen ausdrücklich untersagt.
Sehr bezeichnend ist es auch, daß des öfteren erwähnt
wird, daß die Gatten einer Frau sich sehr gut vertragen.
Die Araber hatten ebenfalls zur Zeit der Frauenherrschaft
Vielmännerei. Selbst noch zu Mohammeds Zeiten war die
Frau durchaus polyandrisch ...«
Andere Autoren betrachten die prähistorischen Gesellschaften nicht so extrem matriarchalisch. Immerhin wird
immer wieder festgehalten, daß in früheren Zeiten die Se-
xualmoral oft mehr oder weniger frei war. In vielen ursprünglichen Gesellschaften konnten sowohl Männer als
auch Frauen ihre Sexualpartner frei wählen und wechseln
und auch mehrere zugleich haben. So schreibt Wil Durant
im ersten Band seiner »Kulturgeschichte der Menschheit«:
»Im allgemeinen betrachtet der ›Wilde‹ seinen Geschlechtstrieb als etwas Naturgegebenes ... er bejaht ihn
wie den Hungertrieb. Er schützt auch keine idealistischen
Motive vor. Die Ehe ... gilt aufrichtig als geschäftliche
Transaktion ... Den vorehelichen Beziehungen wird in den
frühesten Gesellschaften freies Spiel gelassen ... Die
Keuschheit ist demgemäß eine späte Entwicklung. Das pri-
mitive Mädchen fürchtete nicht so sehr den Verlust ihrer
Jungfräulichkeit als vielmehr den Ruf der Unfruchtbar-
keit, und die voreheliche Schwangerschaft war oft eher eine Hilfe als ein Hindernis bei der Suche nach einem
Mann ... Es scheint, daß die einfacheren Stämme vor dem
Auftreten des Eigentums die Jungfräulichkeit als unbe-
liebt verpönten ...« Jungfräulichkeit galt unter anderem
auch als Zeichen von mangelnder Attraktivität.
Aus diesen Feststellungen können wir also schließen, daß
die Polygamie keine Erfindung von und für Männer ist,

sondern wahrscheinlich eine Erfindung der Frauen. Oder Männer und Frauen haben die polygame Lebensform gemeinsam entwickelt. Wenn die oben erwähnten matriarchalischen Kulturen tatsächlich so extrem und weit verbreitet waren, erscheint die sexuelle Unterdrückung der Frau und die patriarchalische Polygynie wie eine Rache des Mannes für jahrtausendelange Frauenherrschaft.»Was anderes hätten Männer denn später praktizieren können als das, was sie an weiblichen Kulturvorgaben, Machtregeln und Ausbeutungs-Einmaleins von Frauen gelernt hatten?« fragt Felix Stern.

Vom Geschlechterkampf zur Liebe in Freiheit

Die ursprüngliche Polyandrie der Frau ließe sich durch folgende Überlegungen erklären. Hauptzweck der Sexualität ist der Fortpflanzungstrieb. Dieser wird durch den Trieb zu sexueller Lust angereizt. Der Sexualtrieb mußte besonders bei der Frau sehr stark sein, weil das Gebären von Kindern mit Risiko und Schmerzen verbunden war. Außerdem entwickelt die Frau monatlich nur ein befruchtungsfähiges Ei. Wenn sie mit mehreren Männern Verkehr hat, erhöht sich die Chance, daß dieses befruchtet wird. Wenn unter mehreren Partnern einer Frau einer steril ist, wird sie trotzdem Kinder bekommen. Wenn aber der sterile Partner der einzige wäre, würde die Frau kinderlos bleiben. Außerdem wird unter den Partnern derjenige das Kind zeugen, der den schnellsten Samen besitzt, was voraussetzt, daß die Frau während der fruchtbaren Phase mit mehreren Männern Geschlechtsverkehr hat. Die Polyandrie der Frau begünstigt ein natürliches Auswahlverfahren. Für den Mann bedeutet der Geschlechtstrieb seit Urzeiten in erster Linie Lusterfüllung, die möglichst leicht zu erreichen sein soll. Der Anreiz zur Zeugung besteht erst in zweiter Linie. Den Männern dürften ihre Kinder in Urzeiten ziemlich gleichgültig gewesen sein. Demnach wäre die ursprüngliche, natürliche Gesellschaftsform das Matriarchat, verbunden mit dem Erbgang nach der Mutter.

Das nächste Stadium ist das des Geschlechterkampfes, der von beiden Geschlechtern geführt wird. Der Geschlechterkampf in seiner urtümlichen harten Form konnte einerseits als Auswahlverfahren dienen. Wer ihn scheute, war zur Fortpflanzung ungeeignet. Wer ihn allzu destruktiv betrieb, zerstörte die Möglichkeit, sich fortzupflanzen. Der Geschlechterkampf war auch Mittel zur Besitzaneignung. In matriarchalischen Gesellschaften waren die Männer, wie oben dargestellt, der Besitz der »Großen Göttin«, in der Realität hatten die Frauen die Gewalt über sie. Verschiedenen Theorien zufolge entstand das Patriarchat gleichzeitig mit dem (Land-)Eigentum, also in der Phase, als die Nomadenvölker seßhaft wurden. Als die Männer an der Macht waren, drehten sie den Spieß um: Frauen und Kinder wurden als Eigentum betrachtet. Weil die Vaterschaft damals nicht leicht zu bestimmen war, wurde den Frauen die Monogamie aufgezwungen, und zwar mit brutalen Methoden. Das Ideal der Jungfräulichkeit und der Monogamie entwickelte sich in diesem Stadium und wurde in vielen Völkern religiös untermauert. Die Folge davon war Unterdrückung der Individualität. Die Wahl des Ehepartners wurde in diesem Stadium häufig nicht von den Beteiligten selbst, sondern von der Familie getätigt. Auch dies hatte den Sinn, eine optimale Fortpflanzung herbeizuführen und die Macht der Familie zu erhalten. Den wenigsten gelang es, ohne Schaden in Freiheit zu leben. Auf dieser Stufe des Geschlechterkampfes stecken heute noch sehr viele Menschen und sogar ganze Völker.

In der nächsten Phase steht in der Beziehung zwischen Mann und Frau die Individualität im Vordergrund. Die erotische Liebe wird zum Ideal, was nicht gleichbedeutend sein muß mit der Liebe zwischen Mann und Frau. So wurde beispielsweise im alten Griechenland die gleichgeschlechtliche Liebe (vor allem zwischen Männern) höher eingeschätzt als die Liebe zwischen Mann und Frau. Die Auffassung von Liebe hat in dieser individualistischen Phase zwei Ausprägungen: Es wird unterschieden zwischen Liebe und Ehe. Die Ehe wird aus familiären Gründen geschlossen, und der eheliche Geschlechtsverkehr dient der Zeugung von Kindern. Liebesbeziehungen werden außerhalb der Ehe gepflegt. Diese Variante der Ehe ist entwicklungsfähig, wie bereits im Kapitel »Die Vorteile des Lebens mit mehreren Partnern« dargestellt. Andererseits gilt die monogame Liebe, vor allem die Liebesehe, als Ideal. Die Wahl der Ehepartner wird von den Beteiligten selbst vorgenommen, im Prinzip ohne Rücksicht auf die Familie oder sonstige Interessen. Es gilt geradezu als erstrebenswert, den Ehepartner ohne Berücksichtigung von äußeren Verhältnissen zu wählen und sich über allfällige Hindernisse hinwegzusetzen. Dabei werden jedoch aus den vorhergehenden archaischen Stadien auch negative Verhaltensweisen übernommen, und Eifersucht wird beispielsweise geradezu als Zeichen von Liebe angesehen, weil die Partner gefühlsmäßig sehr engagiert sind. Monogamie gilt mehr denn je als Ideal und die monogame Ehe als Inbegriff der Beziehung zwischen Mann und Frau.

Die höchste Stufe ist Liebe als Weg zur Selbstentfaltung in Freiheit. Einschränkende und destruktive Triebe wie Besitzgier und Eifersucht mögen vorhanden und bewußt sein; sie werden aber beherrscht. Um so mehr werden die konstruktiven Aspekte der Erotik entwickelt. Zwischen den Geschlechtern wird es Unterschiede, aber keine Unterdrückung mehr geben. Die Liebespartner werden sich jede Freiheit lassen, die sie zu ihrer Entwicklung benötigen, sowohl die geistig-seelische als auch die körperliche. Sie werden diese Freiheit als Voraussetzung für ihre Liebe betrachten. Andere Partnerschaften sind möglich, sie werden sogar erwünscht und gefördert. Leider wird diese Stufe selten realisiert und erscheint deshalb heute noch wie eine Utopie. Vielleicht wird sie nach der nächsten sexuellen Revolution verwirklicht.

Relikte des Patriarchats

Wie unser Einführungsbeispiel zeigt, stehen die Frauen dem Modell der offenen Partnerschaft oft weitaus ablehnender gegenüber als die Männer. Auch wenn die Statistiken zeigen, daß Frauen sich ebensowenig monogam verhalten wie Männer, halten sie doch intensiver am Ideal der Monogamie fest. Doch dies ist nicht der einzige Zwiespalt:
- Immer noch ist die alte doppelte Moral weit verbreitet, die den Männern größere Freiheit gewährt als den Frauen.
- Gleichzeitig entwickelt sich eine neue doppelte Moral, die den Frauen größere Vorteile läßt als den Männern. Diese sind eher materieller und psychologischer als sexueller Art.

Es gibt in unserer Gesellschaft starke Mechanismen, Interessen und Anschauungen, die im kollektiven Unterbewußtsein verankert sind. Diese sind oft die wahren Gründe, Polygamie abzulehnen. Häufig werden sie von den einzelnen Personen verdrängt, beispielsweise, weil sie berechnend oder überholt sind oder so erscheinen. Die Argumente, die in den Diskussionen geäußert werden, sind demzufolge oft nur vorgeschoben.

Eine doppelte Moral prägt noch immer unsere Gesellschaft, obwohl man annehmen könnte, daß diese längst überwunden sei. Hinzu kommt die von Männern und Frauen vertretene Ansicht, daß Frauen von Natur aus monogamer seien als Männer. Man begründet dies damit, daß Frauen sich in erotischen Beziehungen gefühlsmäßig mehr engagieren als Männer. Sex um des Sexes willen gilt immer noch als spezifisch männlich. Dies belegt einmal mehr der Hite-Report »Das sexuelle Erleben der Frau«: »Fast alle Frauen, die diesen Fragebogen beantwortet haben, wurden dazu erzogen, ›anständige Mädchen‹ zu sein. Und alle, die noch zu Hause wohnen, werden zum Großteil *immer* noch dazu erzogen ›anständige Mädchen‹ zu sein. Mädchen werden immer noch davor bewahrt, ihre Sexualität zu erforschen und zu entdecken ... Das unausgesprochene Motto lautet immer noch: Weibliche Sexualität ist was Schlechtes.«

In einem Artikel von Anke Hüper in »Psychologie heute« heißt es: »Wolfgang Wottawa stellte in seiner Untersuchung fest: ›Männer nehmen das Privileg, hin und wieder Abwechslung zu brauchen. Fast sechs von zehn Männern (57 Prozent), meinen, daß man ihnen gelegentlich einen Seitensprung erlauben müßte, jeder zweite Mann findet, daß außereheliche Beziehungen eher dem Mann als der

Frau zustehen.‹ Helge Pross hingegen kommt zu einem anderen Ergebnis: ›Die frühere Doppelmoral ... hat kaum noch Befürworter. Die große Mehrheit hält es nicht für zulässig, daß eine verheiratete Frau mit anderen Männern Geschlechtsverkehr hat ..., aber die große Mehrheit lehnt auch den Geschlechtsverkehr eines verheirateten Mannes mit anderen Frauen ab ... Die große Mehrheit meint, außereheliche Beziehungen des Mannes seien nicht anders zu beurteilen als außereheliche Beziehungen der Frau ...‹« Also Monogamie-Forderung für beide Geschlechter.
Ingrid Füller schreibt: »Mitte der achtziger Jahre trug die amerikanische Autorin Carol Cassell die heutigen gesellschaftlichen Verhaltensvorschriften für Frauen zusammen. Diese ... enthalten nach wie vor viele (und zwar die alten) Einschränkungen für Frauen. Demnach sollte eine Frau *nicht* mit zu vielen Männern schlafen; zu geil oder zu anspruchsvoll sein; zu passiv sein; sexuelle Anweisungen geben, bevor sie den Partner nicht sehr gut kennt; schon vorher vorbereitet sein.« Hinzu kommt noch die negative Beurteilung durch die Psychologen. Ingrid Füller: »In der psychologischen Literatur kommen Frauen, die mit mehreren Männern Sexualkontakte haben, nicht gut weg. Da ist ... von Nymphomaninnen die Rede oder sogar von den ›Einfältigen‹...« Ingrid Füller erwähnt den amerikanischen Psychiater Frank Pittman. Dieser meint, daß Frauen, die mit mehreren Männern Geschlechtsverkehr haben, unter unbewältigten psychischen Störungen leiden, die sie suchtartig und hemmungslos in sexuelle Abenteuer treiben. Nach Pittman handelt es sich dabei mutmaßlich um emotional unterkühlte Wesen, die unbewußte Aggressionen gegen Männer haben und sich mit unverbindlichem Sex an ihnen rächen wollen.

Das alles wurde in den neunziger Jahren dieses Jahrhunderts geäußert und ist offensichtlich noch immer eine weitverbreitete Realität.

Offensichtlich gab es seit der sexuellen Revolution am Anfang dieses Jahrhunderts sogar einen oder mehrere Rückschritte, die durch die 1968er Bewegung kaum berührt oder sogar noch verkompliziert wurden. Womöglich war die sexuelle Revolution von 1968 selbst ein Rückschritt. Das ist jedenfalls die Meinung vieler Frauen. Zwar hat die sexuelle Revolution (und nicht zuletzt sicherere Verhütungsmethoden) dazu beigetragen, daß viele Frauen ein stärkeres sexuelles Selbstbewußtsein entwickelten. Ingrid Füller: »Es gibt immer mehr Frauen, die sich nicht an sexuelle Spielregeln halten, die nicht auch von ihnen (mit)gemacht wurden. Die nicht nur auf das Begehren des Mannes reagieren, sondern ungeniert und eigenständig ihre Lust dort leben, wo sie aufkommt.« Allerdings fehlen ihnen noch mehr als den Männern die Vorbilder. Ingrid Füller meint: »Frauen, die Affären haben, orientieren sich in ihrem Tun ganz offenbar nicht an dem – darin insgesamt geübteren – männlichen Geschlecht. Sie suchen – jede für sich – eigene Formen, ihre weibliche Triebhaftigkeit auszuleben ... Frauen ..., die ... nur *aus Lust* und nicht aus einem Mangel heraus erotische Erfahrungen außerhalb ihrer Zweierbeziehung machen, gehören mit diesem Selbstverständnis noch immer einer Minderheit an.«

Aber auch die sexuelle Revolution war zwiespältig. Da gab es die Feministinnen, die es ablehnten, »Sexobjekt« zu sein, was mitunter dazu führte, daß sie den Geschlechtsverkehr mit Männern ablehnten, lesbische Liebe vorzogen oder nur Zärtlichkeiten mit Männern austauschten. Im Grunde war das eine Spielart von Prüderie. Diese

94

Feministinnen verhielten sich sehr ähnlich wie ihre Groß-
und Urgroßmütter, die sagten: »Männer wollen immer
nur das eine.« Andere Frauen nutzten die neugewonnene
Freiheit, lehnten sie aber für ihre Töchter ab. »Nur sehr
wenige Frauen akzeptierten sie (die sexuelle Revolution)
ohne Einschränkung für ihre Töchter«, heißt es im Hite-
Report. Eine Frau äußerte über ihre sechzehnjährige
Tochter: »Sie ist noch Jungfrau, und ich möchte, daß sie es
bleibt.«
Nicht alle Mütter sind so extrem. Es ist möglich, daß Mütter, die schon vor der sexuellen Revolution unabhängig genug waren, um frei zu leben, diese Freiheit auch für ihre
Töchter leichter akzeptieren. Andere machen sich Gedanken darüber, ob ihre Kinder die sexuelle Freiheit auch bewältigen. Der allgemeine Tenor lautet: »Ich mache mir
Sorgen, weil die jungen Menschen dafür nicht genug vorbereitet sind ... Ihre traditionelle Erziehung und ihre gegenwärtigen Erfahrungen reichen nicht aus, um ihnen bei
ihren Entscheidungen zu helfen, vor die sie unweigerlich
gestellt werden.« Allerdings gibt es heute wohl nicht mehr
so viele Jugendliche, die traditionell erzogen wurden. Aber
die freiheitliche Erziehung löst die Probleme, wie wir sehen, keineswegs. Wir brauchen neue Konzepte. Das kann
man gar nicht genug betonen. Und doch ist es auch hierbei
interessant, daß mehr von den Töchtern die Rede ist als
von den Söhnen. Für ihre Söhne scheinen diese Mütter die
sexuelle Freiheit wesentlich leichter zu akzeptieren als für
ihre Töchter. Dabei wäre es die Aufgabe der Mütter, für
ihre Töchter Vorbilder im Umgang mit der Freiheit zu
sein. Statt dessen schränken sie ihre Töchter ein, was keineswegs neu ist. Die doppelte Moral wurde seit der Ent-
stehung des Patriarchates mindestens genauso vehement

von Frauen anderen Frauen gegenüber vertreten wie von Männern gegenüber Frauen.

Viele Frauen betrachten, wie schon erwähnt, die sexuelle Revolution als einen Fehlschlag. Weil man Sex als gesund und notwendig erklärt hatte und die Frauen als frei, ihn zu betreiben, nahm man ihnen das Recht, keinen Sex zu machen. Die Frauen verloren ihr Recht, nein zu sagen.

Ein weiterer Zwiespalt zeigt sich in folgendem Zitat aus dem Hite-Report: »Die meisten Männer glaubten nicht, daß ihre Frauen außerehelichen Sex hätten. Diejenigen, die sich diesen Gedanken überlegt oder deren Frauen Seitensprünge gemacht hatten, von denen sie wußten, reagierten zumeist negativ ... Doch ein paar Männer akzeptierten es.« Verheiratete und unverheiratete Männer gaben aber in den Umfragen für den Hite-Report ohne weiteres zu, daß sie selbst sich nicht monogam verhalten möchten und dies auch nicht tun. Dieser zwiespältigen Haltung begegnet man oft in Diskussionen. Etliche Männer akzeptieren das Modell der Polygamie, stehen auch den Frauen, die sich offen zur Polyandrie bekennen, positiv gegenüber. Andererseits schätzen sie es nicht sehr, wenn gerade ihre Lebenspartnerinnen weitere sexuelle Beziehungen haben. Sieht man von Machismus und Eifersucht einmal ab – Männer mit dieser Einstellung sind keineswegs alle eifersüchtige Machos –, muß man sich fragen, woher diese inkonsequente Haltung kommt. Diese Frage ist nicht abschließend zu klären. Der Zwiespalt ist ein Indiz dafür, daß bei vielen Männern noch das alte Doppelbild der Frau als Heilige und Hure lebendig ist. Dieses ist zwar nicht mehr so extrem, zeigt aber noch heute das Bild der sexuell zurückhaltenden, monogamen Ehefrau, der man nicht zuviel zumuten kann, und der temperamentvollen, sexuell aktiven Geliebten, die auch polyandrisch sein darf. Hinzu kommt möglicherweise die Einstellung: »Wenn die Frauen schon die Polygamie ablehnen, sollen sie zumindest selbst treu sein. Und Männer, die Monogamie fordern und selbst fremdgehen?« So geht's nicht! Ein Widerspruch folgt aus dem anderen.

Folgendes Zitat aus dem Hite-Report zeigt, daß die sexuelle Freiheit einerseits die doppelte Moral noch fördern kann, andererseits aber auch handfeste materielle Interessen der Frauen verletzt: »Die sexuelle Revolution ist für die Frau die größte Farce des Jahrhunderts. Vorher hatten sie nämlich wenigstens das Recht, ›nein‹ zu sagen. Jetzt nennt man sie prüde oder noch schlimmeres, wenn sie sich nicht hinlegt, wann immer einer es von ihr verlangt. Hat sie aber mehrere kürzere Affären, wird sie als Hure betrachtet. Die sexuelle Revolution ist eine männliche Erfindung, ihre Prinzipien sind immer noch auf männlichen Werten aufgebaut, zum Beispiel: Wozu noch heiraten, wir können ja jede Menge Betthasen kriegen.«

Auch heute noch wird die Heirat und die damit verbundene Versorgung von vielen Frauen angestrebt. Frauen, die frei leben, stellen diese Interessen in Frage. Sie geben sich »billiger«, machen also sozusagen ein Dumpingangebot. Die verheirateten Frauen, vor allem diejenigen, die traditionell als Hausfrau und Mutter leben, bekommen Angst, die freie Frau könnte ihnen den Mann und Ernährer wegnehmen. In Wahrheit ist diese Gefahr gar nicht sehr groß. Im Hite-Report heißt es weiter: »Auch wenn Männer eine andere liebten, dachten sie in der Mehrzahl nicht daran, ihre Frauen zu verlassen.« Und man kennt ja die vielen Berichte über Geliebte, die darunter leiden, daß ihr Freund sich nicht scheiden läßt. Damit soll nicht unterstellt werden, daß alle Frauen, die die Polygamie ablehnen, dabei an ihren Lebensunterhalt denken. Oft fürchten sie einfach, einen geliebten Partner zu verlieren. Aber im kollektiven Unterbewußtsein wirken diese Interessen offensichtlich noch sehr stark.

Doppelte Moral der Frauen – Ansätze eines neuen Matriarchats?

Zu diesen unbewußten Interessen der Frauen kommen in der heutigen Zeit noch neue hinzu. Diese werden mit den Relikten aus dem Patriarchat so verknüpft, daß die Vorteile für die Frauen gegenüber den Männern kumulativ zunehmen. Dies zeigt sich beispielsweise bei der Wahl der Lebensform. Die Frau kann wählen zwischen einem Leben als berufstätige Frau mit oder ohne Kinder, sie kann aber auch den Beruf Hausfrau wählen und sich auf die Familie konzentrieren, oder sie kann eine Teilzeitarbeit annehmen. Diese Wahl hat der Mann nicht. Er muß in der Regel voll berufstätig sein. Ein Hausmann gilt immer noch als komische Figur. Die Möglichkeit, ungehindert polygam zu leben, könnte die Wahlmöglichkeiten der Männer vergrößern und die der Frauen verkleinern. Die Frauen bekämpfen demzufolge alles, was ihre Wahlmöglichkeiten gefährden könnte, auch die Polygamie. Es wäre denkbar, daß die Frauen durch die Polygamie zu lebenslanger Berufstätigkeit gezwungen würden, auch wenn sie Kinder haben. Die Männer, die mehrere Partnerinnen haben, könnten möglicherweise leichter der Verpflichtung ausweichen, den Unterhalt für Frau und Kinder zu bestreiten. Bei den

98

heutigen Verhältnissen ist in der Realität ein Mann mit zwei Familien schwer belastet. Natürlich ist die Erziehung von Kindern eine wertvolle Arbeit. Wenn mehrere Kinder da sind, besteht eine große Doppelbelastung, wenn die Mutter berufstätig ist und Kindererziehung und Haushalt allein bewältigen muß. Daran haben die Frauen begreiflicherweise kein Interesse. Die logische Konsequenz, die sich daraus ergibt, sollte also nicht sein, die Polygamie zu bekämpfen, sondern neue Konzepte zu entwickeln, damit die Kindererziehung besser auf beide Geschlechter verteilt werden kann.

Trotz oder wegen der noch bestehenden doppelten Moral hat die Frau viele Möglichkeiten, sexuelle Macht auf Männer auszuüben. Beispielsweise kann sie einen Mann sexuell reizen und dann nein sagen. Wenn ein Mann gegenüber der Frau sexuelle Initiative ergreift, kann die Frau ihn beliebig als »Anmacher« hinstellen. Tut er es im Betrieb, kann es ihn den Job kosten. Aber wenn Frauen die Männer durch freizügige Kleidung und erotische Gesten reizen, gilt dies nicht als sexuelle Belästigung. Und wenn ein Mann darauf reagiert, was doch nur normal ist, kann es plötzlich eine »Dienstpflichtverletzung« sein. Auch das ist doppelte Moral!

Eine andere Art der Unterdrückung des Mannes praktizieren viele Ehefrauen. Sie verweigern sich dauernd, aber wenn ihr Mann mit einer anderen Frau sexuell verkehrt, veranstalten sie ein Drama. Wenn er, statt mit einer anderen Frau zu schlafen, den Verkehr mit seiner Ehefrau durchsetzen will, heißt es, er wolle ihr »das Verfügungsrecht über ihren Körper nehmen« oder ähnliches. Wenn er die Nerven verliert und Gewalt anwendet, gilt das als Vergewaltigung in der Ehe, was in verschiedenen Ländern ein strafrechtlicher Tatbestand ist. Umgekehrt wird wohl kaum jemals eine Frau bestraft, wenn sie einen Mann mit Gewalt zu sexuellen Handlungen zwingt. Aber auch das kommt vor, und möglicherweise häufiger, als man denkt.

Diese weibliche doppelte Moral könnte anzeigen, daß heute parallel zu den Relikten des Patriarchats sich auch die Ansätze eines neuen Matriarchats entwickeln. Denkt man es zu Ende, heißt das: Die Frauen könnten eines Tages jede Freiheit haben, die Männer aber keine. Damit würde wieder die Herrschaft eines Geschlechtes über das andere zementiert. So verharren wir im ewigen Geschlechterkampf, und dieser ist, wie sich erwiesen hat, weder für die Frauen noch für die Männer auf Dauer wünschenswert.

Wenn wir statt dessen möglichst große individuelle Freiheit für beide Geschlechter mit stabilen gesellschaftlichen Strukturen vereinbaren wollen, bedeutet das:

- Jede bestehende doppelte Moral muß aufgehoben werden.
- Neue doppelte Moral darf nicht aus Rache oder Taktik geschaffen werden.
- Wir brauchen neue Beziehungs- und Lebensmodelle, die Freiheit mit Stabilität vereinbaren.
- Wir müssen lernen, mit der Freiheit umzugehen, und das auch unseren Kindern beibringen.

Beziehungs- und Lebensanalyse: Wie man sich im Leben mit mehreren Partner orientieren kann

Neue Beziehungen, neue Fragen, neue Ziele

Peter lebt mit seiner Freundin Linda im Konkubinat, in einer glücklichen »Zweierkiste«. Das war bisher immer sein erklärtes Ziel, und auch Linda wollte das so. Das einzige, was Peter stört, ist, daß er sich mit Linda nicht über seinen Beruf unterhalten kann. Er ist Informatiker, und für Linda sind Computer ein Greuel. Sie arbeitet als Sekretärin bei der öffentlichen Verwaltung und schätzt bei dieser Tätigkeit vor allem den Kontakt zu Menschen. Außerdem interessiert sie sich sehr für klassische Musik, die wiederum Peter nicht mag. Er steht mehr auf Hard-Rock. Peter und Linda leben trotzdem gut zusammen. »Man kann nicht alles haben«, denken sie. Jeder pflegt seine besonderen Interessen unabhängig vom anderen, und Linda spielt in ihrer Freizeit in einem Kammerorchester. Eines Tages tritt René ins Orchester ein. Zwischen ihm und Linda funkt es schon am ersten Abend. Zuerst hält Linda sich zurück. Aber nach ein paar Wochen wird die Leidenschaft so stark, daß René und Linda miteinander schlafen. Abgesehen von der Leidenschaft schätzt Linda an der neuen Beziehung besonders, daß sie mit René über klassische Musik reden kann. Sie denkt darüber nach, was nun aus der Lebensgemeinschaft mit Peter werden soll. Eigentlich möchte sie beide Beziehungen weiterführen. Aber sie fragt sich, wie sie das anstellen soll. Vor allem ist sie sich über ihre Gefühle nicht klar. Sie war bisher immer der Meinung, daß man nicht zwei Menschen gleichzeitig lieben kann. Nun liebt sie sowohl Peter als auch René, aber beide auf andere Art.

Peter seinerseits hat schicksalhaft seine Studienkollegin und alte Liebe Gisela wiedergesehen. Er genießt es, mit ihr über Computer zu fachsimpeln. Sie erzählt ihm, daß sie vorhabe, sich selbständig zu machen. Er meint, daß er auch schon viel darüber nachgedacht habe, aber noch keinen direkten Anstoß dazu hätte. Wie wäre es, wenn er und Gisela sich zusammenschließen würden? Dieser Plan nimmt mit der Zeit konkrete Formen an. Peter hat aber Linda noch nichts davon erzählt. Erstens glaubt er, daß es sie sowieso nicht interessiere, und darüber hinaus spürt er ein wachsendes Bedürfnis, mit Gisela zu schlafen. Sie fühlen keine große Leidenschaft wie zu ihren Studienzeiten, aber die alte Verbundenheit wirkt stark und auch erotisierend. Sie möchten ihre Kameradschaft umfassender genießen. Peter ist unsicher wegen seiner Gefühle. Er liebt Linda immer noch, sogar leidenschaftlicher als Gisela. Es stört ihn vor allem, daß er seine Gefühle nicht einordnen kann und in einer Art Chaos herumpaddelt. »Es müßte ein Computerprogramm geben, mit dem man Gefühle ordnen kann«, denkt er.

Eines Tages kommt es zur Aussprache mit Linda. Peter erklärt ihr seine Pläne mit Gisela. Er will ehrlich sein und sagt ihr, daß ihn mit Gisela mehr als berufliches Interesse verbindet. Linda ihrerseits erzählt ihm von René. Obwohl die Auseinandersetzung zeitweise heftig wird, ist beiden klar, daß sie sich nicht trennen wollen. Nach weiterer Überlegung sehen sie ein, daß ihre neuen Beziehungen jedem von ihnen etwas geben, was sie in ihrer Lebensgemeinschaft vermißt haben. »Warum sollten wir darauf verzichten?« denken sie. Sie sind sich auch darüber einig, daß ihre Lebensgemeinschaft den Vorrang vor anderen Beziehungen haben sollte. Sie wollen aber andererseits ihren neuen Partnern nicht das Gefühl geben, zweitrangig zu sein. Für Peter ist sein Verhältnis zu Gisela nach außen relativ klar, sie hat ihrerseits einen festen Freund. Die Zusammenarbeit wird ein wichtiger Bestandteil des Lebens sein, und die erotische Beziehung läßt sich in das Leben von beiden relativ leicht integrieren. Für Linda ist es schwieriger. René ist leidenschaftlich verliebt in sie und würde sie am liebsten für sich allein haben. Er ist eifersüchtig auf Peter, was zu Streitigkeiten führt. Zu ihrem Erstaunen bemerkt Linda, daß sie über die Beziehung zu René mit Peter sehr gut sprechen kann. Sie ist sehr froh, daß Peter ihr hilft, mit ihrer Leidenschaft fertig zu werden, und fühlt sich ihm näher als je zuvor. René versteht das gar nicht und setzt Linda unter Druck. Diese will aber nicht darauf eingehen. Sie hat verstanden, wie wertvoll Freiheit in der Liebe ist, und will diese nicht wieder aufgeben.

Peter und Linda sind überzeugt, daß sie ihr freies Liebesleben bewältigen wollen. Sie haben aber einige Probleme zu lösen, die häufig auftauchen, wenn mehrere Partnerschaften bestehen. Vorrangig ist die Verwirrung der Gefühle. Man kann es sich nicht erklären, warum man zwei oder mehrere Menschen gleichzeitig liebt, und fühlt sich zerrissen. Das ist kein Wunder, wenn man überall dem Vorurteil begegnet, daß man nur einen Partner lieben kann. In Wirklichkeit ist es ganz natürlich, mehrere Menschen zu lieben, aber jeden auf andere Art. Es ist wichtig, sich über die Art der Gefühle für die Partner klarzuwerden. Ein weiteres Problem besteht darin, mehrere Beziehungen so zu vereinbaren, daß sich niemand zurückgesetzt fühlt. Das heißt nicht, daß man alle Partner gleich behandeln muß, im Gegenteil. Jede Partnerschaft sollte so ins Leben eingefügt werden, wie es ihrer Bedeutung entspricht. Das setzt natürlich voraus, daß der Stellenwert einer Beziehung klar definiert wird. Dabei ergeben sich folgende Fragen:

- Wie können wir die Gefühle für beide Partner einerseits voneinander abgrenzen und andererseits miteinander vereinbaren?
- Wie vermeiden wir, daß wir uns verwirrt oder zerrissen fühlen?
- Wie verhalten sich die neuen Beziehungen zu unserer Lebenspartnerschaft? Was hat Vorrang?
- Welche Bedeutung haben die neuen Beziehungen in unserem Leben?
- Wie fügen wir die neuen Beziehungen harmonisch in unser Leben ein?
- Wie organisieren wir die Beziehungen so, daß sich niemand zweitrangig oder zurückgesetzt fühlt?
- Ergeben sich durch die neuen Beziehungen neue Ziele?

Um diese Fragen zu beantworten, muß man einerseits herausfinden, welche Bedeutung die alte und die neue Beziehung haben. Das ist die Beziehungsanalyse. Andererseits ist es notwendig, festzustellen, ob die jetzige Lebensform der neuen Situation noch entspricht oder ob sie geändert werden muß, kann oder sollte. Wenn sich beispielsweise wie bei Peter eine berufliche Veränderung durch die neue Beziehung ergibt, kann dies einen neuen Lebensabschnitt einleiten und auch andere Veränderungen notwendig machen. In solchen Situationen ist eine Lebensanalyse hilfreich. Methoden für Beziehungs- und Lebensanalysen werden im folgenden vorgestellt.

Wir brauchen Orientierungskriterien für mehrere Partnerschaften

In unserer Gesellschaft kann es nicht der Sinn der polygamen Lebensform sein, daß jede Partnerschaft den gleichen Stellenwert hat. Es ist praktisch nicht möglich, mehreren Partnern die gleiche Art von Zuneigung entgegenzubringen, in der gleichen Form mit ihnen zusammenzuleben und womöglich noch jedem gleich viel Zeit zu widmen. Im Gegenteil, die Bereicherung für alle Beteiligten ergibt sich gerade dadurch, daß jede Partnerschaft eine andere Bedeutung hat. Das Ziel ist einerseits, die verschiedenen Partnerschaften harmonisch zu koordinieren. Andererseits lassen sich menschliche Begegnungen und die Entwicklung von Beziehungen nicht von vornherein steuern und planen. Begegnungen sind häufig schicksalhaft. Trotzdem oder gerade dann ist es hilfreich, wenn die bereits bestehenden Partnerschaften einen eindeutigen Stellenwert haben. Neue Beziehungen müssen sich in die Lebensstruktur beider Partner einfügen, statt, wie es so oft passiert, diese zu zerstören. Je klarer die Bedeutung einer Partnerschaft für beide Partner ist, um so weniger wird sie durch andere Beziehungen gefährdet. Neue Beziehungen (oder alte, die wieder akut werden) können eine Prüfung sein für aktuelle Partnerschaften. Dabei erweist sich, ob eine Beziehung belastbar ist und ob Probleme gelöst werden oder eben nicht. Im letzteren Fall muß man unter Umständen hinnehmen, daß eine Beziehung scheitert. Dann kann man davon ausgehen, daß sie auch bei der monogamen Lebensform brüchig gewesen wäre.

Im Leben mit mehreren Partnern muß man dafür sorgen, daß das Beziehungsnetz eine Struktur enthält, in die bestehende und neue Beziehungen eingeordnet werden können. Damit ist keinesfalls gemeint, daß Partnerschaften in ein Schema gepreßt werden: Jede Beziehung ist einzigartig! Um sich über Gefühle klarzuwerden und Beziehungen ins Leben einzuordnen, können wir aber Orientierungskriterien benutzen. Diese haben dieselbe Funktion wie Koordinaten in einer geometrischen Zeichnung. Innerhalb der Koordinaten gibt es bekanntlich unendlich viele Punkte. Außerdem gibt es viele Möglichkeiten, Koordinaten zu setzen. Aber wie auch immer, sie sind notwendig. Koordinaten dienen der Orientierung und der Ordnung. Ohne sie herrscht Chaos.

Auf unstrukturierte Art ist das Leben mit mehreren Partnern nicht durchzuführen. Es ist ein Vorurteil, daß gesellschaftliche Ordnung auf der monogamen Ehe beruht und sexuelle Freiheit zu gesellschaftlichem Verfall führt. Im Gegenteil: Nicht die Freiheit schadet der Gesellschaft, sondern die mangelnden Orientierungsmöglichkeiten in der Freiheit. Dies wurde bereits im Kapitel »Monogamie funktioniert nicht« dargestellt. Viele Menschen können nur deshalb nicht mit Freiheit umgehen, weil sie es nicht lernen. Für die Gesellschaft gibt es für sexuelle Beziehungen nur ein anerkanntes Ziel, nämlich die Zweierbeziehung. Dieses Ideal kann mit einer Geraden verglichen werden. Die Gerade ist eindimensional. Was außerhalb der Geraden ist, läßt sich nicht einordnen. Daneben gibt es noch Drei- und Vierecke oder sonstige begrenzte Figuren, die sich in der Nähe der Gerade befinden. An diesen kann man sich erst recht nicht orientieren. Deshalb verlieren sich Menschen oft, wenn sie sich außerhalb der Geraden bewegen, und landen manchmal im totalen Chaos. Dies passiert nicht meh, wenn man den Menschen neue Orien-

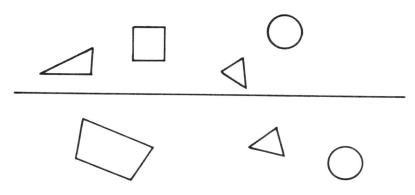

Abb. 1 Beziehungen jenseits des Monogamie-Ideals

tierungsmöglichkeiten aufzeigt oder, noch besser, wenn sie lernen, diese für sich selbst zu finden.

Es ist also notwendig, Koordinatensysteme zu schaffen, in die sich die Beziehungen zu mehreren Partnern einordnen lassen. Es wäre wünschenswert, wenn in Zukunft wenigstens einige von ihnen gesellschaftliche Gültigkeit erhielten. Andererseits sind Einordnungskriterien für Partnerschaften auch individuell verschieden. So kann jeder Mensch seine eigenen Koordinaten setzen und seine persönlichen Koordinatensysteme aufzeichnen. Die wichtigsten Orientierungskriterien sind hierbei die inneren Beziehungen der Menschen zueinander. Nach diesen hat sich alles andere zu richten, beispielsweise die äußere Form des Zusammenlebens. Weiterhin ist zu beachten, daß eine Beziehung kein starres Gebilde ist, sondern eine Entwicklung beinhaltet. Sie ist kein fixer Punkt innerhalb von mehreren Kriterien, sondern eher eine Kurve, eine Gerade oder eine Figur. Zu berücksichtigen ist natürlich auch, wie sich mehrere Beziehungen zueinander verhalten.

Welche Partnerschaften braucht der Mensch?

Im folgenden werden vier Grundtypen der Partnerschaften behandelt. Daß es gerade vier sind, ist kein Zufall. Diese Anzahl Partnerschaften hat Tradition.

Im Koran wird den Männern vorgeschrieben, alle vier Ehefrauen gleich zu behandeln, doch handelt es sich hierbei um eine einseitige Polygamie, in der von gleichen Rechten für beide Geschlechter keine Rede sein kann. Darüber hinaus ist es auch in den islamischen Ländern kaum möglich, diese Vorschrift von Mohammed genau zu befolgen, denn in bezug auf Äußerlichkeiten oder in sexueller Hinsicht mag eine Gleichbehandlung ja durchführbar sein, in bezug auf Gefühle aber wohl kaum.

Es ist anzunehmen, daß diese Sitte der vier Partnerschaften auf Erfahrungen beruht, da sie auch in nicht islamischen Ländern anzutreffen ist. In einer Gegend bei Tibet haben die Frauen vier Ehemänner. Vier oder weniger Partnerschaften lassen sich offensichtlich emotional und zeitlich mit relativ wenig Problemen koordinieren. Dabei ist allerdings zu berücksichtigen, daß es sich bei unseren Beispielen um einseitige polygame Gesellschaften handelt, doch dürften auch in unserer Gesellschaft mehr als vier dauernde Partnerschaften nur im Ausnahmefall zu bewältigen sein. In der heutigen »monogamen« Gesellschaft besteht das Vorurteil, daß man alle Partnerschaftsformen in einer vereinigen kann. Dies ist, wie man jeden Tag sieht, eine unrealistische Vorstellung. Die einzelnen Partnerschaftstypen sind nicht nur unterschiedlich, sondern teilweise geradezu unvereinbar. Die im folgenden beschriebenen dienen einer ersten Orientierung. Es gibt jedoch unendlich viele Möglichkeiten, wie sich individuelle Partnerschaften zu den Ty-

108

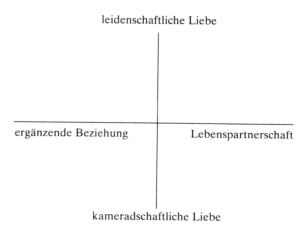

leidenschaftliche Liebe

ergänzende Beziehung   Lebenspartnerschaft

kameradschaftliche Liebe

Abb. 2 So könnte ein Koordinatensystem aussehen. Wie sehen Sie selbst Ihre Prioritäten? Lassen sich Ihre Beziehungen hier zuordnen?

pisierungen verhalten können, und nur wenige Partnerschaften, die eindeutig dem einen oder anderen Typ entsprechen.

Der Lebensgefährte

Die Partnerschaft mit dem Lebensgefährten bietet eine der Grundlagen, auf denen die Lebensgestaltung beider Partner aufgebaut wird. In vielen Fällen wird dieser der Ehe- oder Konkubinatspartner sein, wobei Trauschein oder gemeinsame Wohnung Äußerlichkeiten sind. Das Wesentliche an der Lebenspartnerschaft ist, daß beide Partner mindestens ein gemeinsames Ziel anstreben. Natürlich sind dies nicht irgendwelche Ziele, sondern solche, die für das Leben beider Partner entscheidend sind. Wichtig für die Lebenspartnerschaft wird häufig die Erziehung von Kindern sein. Natürlich können die Lebenspart-

109

ner auch gemeinsame berufliche oder zwischenmenschliche Ziele haben. Lebenspartnerschaft bedeutet zusätzlich, daß man das Leben zumindest teilweise gemeinsam gestaltet. Man entscheidet beispielsweise zusammen, ob man in einer oder zwei Wohnungen lebt, ob man Kinder hat, wie man sich beruflich entwickeln will, welche Freundschaften man gemeinsam pflegen will usw. Grundlegende Angelegenheiten oder Probleme werden mit dem Lebenspartner besprochen, von dem man erwarten kann, daß er Anteil nimmt. Wieweit die Meinung des Lebenspartners berücksichtigt wird, hängt von den Umständen ab. Je nach Charakter werden die Lebenspartner mehr oder weniger unabhängig voneinander leben und entscheiden. Ein Ehepaar, das mit Kindern in einer gemeinsamen Wohnung lebt, wird wahrscheinlich mehr Entscheidungen gemeinsam treffen als ein unverheiratetes Paar mit getrennten Wohnungen.

Die Lebenspartnerschaft wird von beiden als verbindlich betrachtet, möglichst für das ganze Leben, aber wenigstens so lange, bis die gemeinsamen Ziele erreicht sind. Selbstverständlich sollte man einen Lebenspartner nicht in einer Notlage im Stich lassen. Die Gefühle der Lebenspartner füreinander müssen nicht leidenschaftliche Liebe sein. Im Gegenteil, heftige Leidenschaft ist, wie das Leben zeigt, oft eine schlechte Grundlage für eine Lebenspartnerschaft. Natürlich können Lebenspartner sich lieben, wichtiger ist aber Respekt und Hochachtung. Sexuelle Anziehung ist wünschenswert. Sie muß aber, wenn andere Beziehungen möglich sind, nicht im Vordergrund stehen. Wesentlich ist, daß Lebenspartner sich miteinander verständigen können, d. h. einen ähnlichen Bildungsstand haben. Die Partner müssen nicht den gleichen Gesellschaftskreisen angehören, aber die Verhältnisse und die Familien sollten zusammenpassen. Dabei können sich unter Umständen auch Gegensätze der Herkunft als vorteilhaft ergänzen.

Für andere Partnerschaften bedeutet eine harmonische Lebenspartnerschaft zugleich Grundlage und Schranken. Sie schafft Voraussetzungen für die Persönlichkeitsentwicklung und eine sinnvolle Lebensgestaltung. Sie wirkt stabilisierend. Allein dadurch kann sie sich auf andere Beziehungen positiv auswirken, solche allenfalls sogar erst ermöglichen. Die Bedeutung der Lebenspartnerschaft für andere Beziehungen kann aber noch viel wichtiger sein. In einer guten Lebensgemeinschaft sollten die Partner in jeder Hinsicht ehrlich zueinander sein können. Liebesbeziehungen sind im Leben eines Menschen besonders wichtig. Deswegen ist es nicht einzusehen, weshalb ausgerechnet dem Lebenspartner diese verheimlicht werden sollen. Im Gegenteil, mit wem soll man über Liebe reden, wenn nicht mit dem Lebenspartner? Schließlich gehört es zur Lebenspartnerschaft, daß jeder Anteil am Leben des anderen nimmt. Wenn der andere durch eine weitere Beziehung beglückt wird, kann der Lebenspartner sich freuen. Er wird, direkt oder indirekt, auch davon profitieren. Wenn einer der Lebenspartner Beziehungsprobleme hat, müßte er sich zuerst an seinen Lebenspartner wenden können. Gerade bei Liebesproblemen braucht man diesen besonders dringend, und es ist einem schon viel geholfen, wenn er zuhört und versteht. Allerdings ist zu empfehlen, sich auf wenige Gespräche zu beschränken, denn es kann für die Beziehung zum Lebenspartner sehr belastend sein, wenn man dauernd über Probleme mit anderen Partnern spricht. Allgemein kann man sagen: Je harmonischer und ehrlicher die Lebenspartnerschaft ist, desto größer sind die Chancen, daß andere Beziehungen sich positiv entwickeln können.

Die Lebenspartnerschaft setzt anderen Beziehungen auch Schranken, die diese respektieren müssen. Im Zweifelsfall hat sie die Priorität vor anderen Beziehungen. Es ist dabei ganz natürlich, daß man mit dem Lebenspartner mehr Zeit verbringt als mit anderen Partnern, schon weil diese selbst oft mit familiären und gesellschaftlichen Dingen beschäftigt sind. Diese Grenzen, die durch die Lebenspartnerschaft gesetzt werden, können sich auch positiv auswirken: Eine Lebenspartnerschaft kann einen davor bewahren, sich in andere Beziehungen auf negative Weise zu verstricken.

Ein neuer Partner hat das Recht, von Anfang an darüber informiert zu werden, ob eine Lebenspartnerschaft besteht und welcher Art sie ist. Umgekehrt ist es nicht immer möglich, den Lebenspartner über andere Beziehungen zu informieren. Absolute Offenheit ist zwar, wie oben beschrieben, besonders wünschenswert, aber in vielen Lebenspartnerschaften könnte zu viel Ehrlichkeit verheerende Folgen haben. Wenn eine Lebenspartnerschaft nicht von Anfang an offen war, ist vorsichtig abzuwägen, inwieweit man den Lebenspartner über andere Beziehungen informiert. Als Faustregel gilt in solchen Fällen: Nur so viel sagen, wie unbedingt notwendig. Direkte Lügen und Widersprüche sind zu vermeiden: Sollten sie an den Tag kommen, könnten sie schlimmere Folgen haben als die Wahrheit von Anfang an. Der Lebenspartner kann beispielsweise darüber informiert werden, daß ein Kontakt besteht, aber Intimitäten müssen dabei ja nicht erwähnt werden.

Die leidenschaftliche Liebe

Leidenschaft ist ein Rauschgefühl. Deswegen kann leidenschaftliche Liebe unvermittelt kommen und irrational erscheinen. Eine Leidenschaft kann wie ein heftiges, rasch vergehendes Feuer sein. Sie kann auch sein wie Wellen, Flut und Ebbe des Meeres oder der Dauerwind in der Prärie. Leidenschaftlich Liebende möchten sich möglichst oft nahe sein, empfinden die Leidenschaft als unwiderstehliches Schicksal. Häufig ist sie das, aber nicht immer. Trennung und Sehnsucht fördern die Leidenschaft. Dauerhafte Leidenschaft lebt meistens davon, daß die Erfüllung schwer zu erreichen ist. Begegnet man sich zu oft und zu reibungslos, kann die Leidenschaft relativ schnell in den Hintergrund treten. Der Rausch wird sich verflüchtigen. Von vielen Menschen wird dies als das Ende der Liebe (und der Beziehung) betrachtet. Dabei wäre es erst der Anfang. Wenn man die Partnerschaft ohne die Leidenschaft als unbefriedigend empfindet, bestand nur ein übersteigertes Gefühl. Dann kann die Beziehung scheitern. Allerdings kann auch eine gescheiterte Leidenschaft wertvolle Impulse bringen. Leidenschaft kann sich natürlich zur Liebe entwickeln. Bei einer wahren Liebe wird die Leidenschaft nicht als Voraussetzung für die Beziehung betrachtet. Liebe besteht weiter, auch wenn die Leidenschaft in den Hintergrund getreten ist. Die Leidenschaft wird in günstigen Situationen immer wieder auftreten.

Es ist äußerst schwierig, eine Beziehung im Zustand der Leidenschaft zu beurteilen. Dies gilt natürlich vor allem, wenn sich die Partner erst seit kurzer Zeit kennen. Der einzelne erkennt oft erst nach einer gewissen Zeit, daß er sich ein falsches Bild vom Partner gemacht hatte. Leidenschaft kann natürlich auch nach längerer Bekanntschaft entstehen und das vorherige Bild des Partners verändern. Leidenschaftliche Liebe ist oft gleichbedeutend mit der Liebe zu den eigenen Idealvorstellungen, die das Bild des Partners verzerren, so daß der Liebende den anderen nach seinen eigenen Vorstellungen und nicht nach dessen wahrem Charakter einschätzt. Junge Menschen oder ältere Menschen, die ihre erotischen Bedürfnisse verdrängt und deswegen relativ wenig Erfahrung haben, neigen besonders zu dieser sogenannten Animus- bzw. Anima-Übertragung. (Die Anima ist nach C. G. Jung das Frauenbild, das jeder Mann in seinem Unbewußtsein trägt. Der Animus ist das entsprechende Bild von Männern bei der Frau. Dieses Bild wird auf Partner projiziert und kann es erschweren, diese richtig einzuschätzen.) Wenn man die Fehleinschätzung des Partners realisiert, ist die Leidenschaft häufig zu Ende. Das muß jedoch nicht so sein.

Die Leidenschaft kann durchaus auch weiterbestehen, wenn das Bild des Partners korrigiert werden muß. Dabei neigt man zum anderen Extrem: Man urteilt zu kritisch, um nicht wieder enttäuscht zu werden. Dem Partner werden Fehler oder schlechte Eigenschaften unterstellt, sein Verhalten negativ beurteilt, und zu Unrecht kann der Eindruck entstehen: »Ich liebe eine(n) Unwürdige(n).« Für Männer dürfte dieses Gefühl leichter zu bewältigen sein als für Frauen. Für eine Frau kann es eine entsetzliche Vorstellung sein, einen »Unwürdigen« zu lieben. Besonders schlimm ist es natürlich, wenn sich der Partner tatsächlich als unwürdig erweist.

In der Phase heftiger Leidenschaft konzentriert man sich automatisch so weit wie möglich auf diese. Alles andere tritt in den Hintergrund, auch die Lebenspartnerschaft, und es fordert ein großes Maß an Disziplin, sich auf die Arbeit oder die Angehörigen zu konzentrieren. Am besten wäre es, Urlaub mit dem leidenschaftlich geliebten Partner zu machen. Dies ist oft nicht möglich. Trotzdem ist es wünschenswert, sich auf die Leidenschaft möglichst zu konzentrieren. Sie ist ein außergewöhnliches Erlebnis, das es auszukosten gilt und das Energie und starke Impulse verleiht, die im Regelfall allerdings erst später ausgewertet werden können. Nach der ersten Euphorie kann eine Depression folgen, die, sofern sie bewußt erlebt wird, wertvolle Erfahrungen beinhaltet. Erst nachher ist es möglich, eine erste Bilanz der Beziehung zu ziehen. Dies bedeutet noch nicht, daß nun wichtige Entscheidungen getroffen werden können. Jetzt beginnt erst die Phase des sich Kennenlernens und der Anpassung, die Monate oder sogar Jahre dauert. Erst dann wird klar, wie man eine Partnerschaft weiterhin gestalten will. Es ist deshalb zu empfehlen, daß man sich mindestens ein Jahr Zeit läßt, bevor man schwerwiegende Entscheidungen trifft.

Eine bewährte Lebenspartnerschaft sollte man in keinem Fall wegen einer leidenschaftlichen Liebe aufgeben. Auch dann nicht, gerade dann nicht, wenn man den Drang hat, alles für die Leidenschaft zu opfern. Dies zeigt, daß das Gefühl übersteigert ist. In einer solchen Situation braucht man den Halt durch den Lebenspartner besonders. Er kann davor bewahren, sich in einer leidenschaftlichen Liebe zu verlieren und unvernünftige Dinge zu tun, die man im nachhinein bereut. Vorsicht ist auch geboten, wenn noch keine Lebenspartnerschaft besteht und der leidenschaftlich geliebte Partner der Lebenspartner werden soll. Dann ist es empfehlenswert, eine Wartezeit zur gegenseitigen Prüfung festzusetzen. Aus einer leidenschaftlichen Liebe kann eine gute Lebenspartnerschaft werden, wenn man sich Zeit läßt und nicht überstürzt handelt. Die Leidenschaft wird in einem solchen Fall in den Hintergrund treten. Das mag banal klingen. Wenn man aber die Statistiken betrachtet und die Zeitungen liest, gewinnt man den Eindruck, daß viele Paare unvernünftige Entschlüsse in der Phase der Leidenschaft treffen. Dies wird begünstigt durch das Ideal der Liebesehe, die Leidenschaft möglichst einschließen soll. Dies ist, wie schon festgestellt, ein gefährliches Ideal. Lebenspartnerschaft und Leidenschaft sind natürliche Gegensätze, die sich ergänzen. Die Lebenspartnerschaft ist statisch, die Leidenschaft dynamisch. Der Mensch benötigt beides.

Die kameradschaftliche Partnerschaft

Diese Art Beziehung basiert in erster Linie auf gegenseitigem Verständnis. Wenn sie tief geht und lange dauert, könnte sich daraus eine erotische Freundschaft entwickeln. Gute Kameraden oder Freunde können miteinander über vieles reden, über alltägliche Dinge, berufliche und kulturelle Interessen und auch über Probleme. Häufig arbeiten sie zusammen oder unternehmen vieles gemeinsam. Wenn sich daraus zwischen Mann und Frau eine erotische Anziehung ergibt, ist das nur natürlich. Bei der kameradschaftlichen Liebe nimmt jeder Anteil am Leben des Partners, aber es werden keine weitreichenden Forderungen gestellt. Jeder führt im Prinzip sein Leben weiter wie bisher. Verbindlichkeit besteht so weit, wie man sie auch ohne erotische Beziehung von Kameraden oder Freunden erwarten kann. Es ist charakteristisch für die kameradschaftliche Liebe, daß sie relativ unproblematisch ist und sich reibungslos in das Leben beider Partner einfügen läßt. Das liegt daran, daß sie mehr die Vernunft als die Gefühle anspricht. Gerade deswegen kann die Verbindung von Kameradschaft und erotischer Anziehung sehr fruchtbar sein. Solche Partnerschaften dauern oft lange und können leidenschaftliche Liebesbeziehungen und sogar Lebenspartnerschaften überleben. Die kameradschaftliche Partnerschaft kann natürlich im Laufe der Zeit ihren Charakter verändern und zur Lebenspartnerschaft werden oder sogar zur leidenschaftlichen Liebe.

Die kameradschaftliche Partnerschaft an sich steht der leidenschaftlichen Liebe diametral entgegen. Leidenschaftlich Liebenden, die keine Lebenspartnerschaft haben, wäre eine kameradschaftliche erotische Partnerschaft als Ausgleich zu empfehlen. Sie kann auch eine wertvolle Ergänzung zur Lebenspartnerschaft sein. Oft werden gerade in der kameradschaftlichen Partnerschaft Themen, Interessen oder Probleme berührt, die in anderen Beziehungen nicht zur Sprache kommen. Vor allem bietet kameradschaftliche Partnerschaft die Möglichkeit, offen über andere Beziehungen zu reden. Man kann Freude teilen oder auch Probleme besprechen, ohne daß destruktive Emotionen entstehen. Oft kann man dem kameradschaftlichen Partner weitaus mehr anvertrauen als einem Lebenspartner. Allerdings sollten auch diese Beziehungen nicht durch zu intensives Auswalzen von Problemen überstrapaziert werden.

Die ergänzende Beziehung

Die ergänzenden Partnerschaften füllen die Lücken aus, die die anderen Beziehungen offenlassen. Damit ist keineswegs gemeint, daß die betreffenden Partner »Lückenbüßer« sind, im Gegenteil. Je nach Lebenssituation kann eine ergänzende Beziehung verschiedenes bedeuten: einen kurzen Kontakt, sogar einen »one-night stand«, der momentane Bedürfnisse der Partner befriedigt, oder eine langfristige und tiefe Beziehung, die Bereiche berührt, die in den anderen Partnerschaften zu kurz kommen, so bei bisexuell veranlagten Menschen beispielsweise eine gleichgeschlechtliche Beziehung.

Die ergänzende Beziehung kann auch eine Lebensgefährtenschaft sein, bei der erotische, geistige oder idealistische Aspekte im Vordergrund stehen. Sie ist eine Ergänzung zu einer offiziellen, eher prosaischen Lebenspartnerschaft. Eine praktische Beziehung kann aber auch die Ergänzung zu einer idealistisch-erotischen offiziellen Lebensgemeinschaft sein. Aber dieser Fall dürfte seltener sein als der erste.

Diese Charakteristiken der einzelnen Partnerschaftstypen sind, wie schon erwähnt, Richtlinien oder Koordinaten. Jede Beziehung bewegt sich innerhalb der Koordinaten anders. In den meisten Beziehungen sind mehr oder weniger Elemente von mehreren Partnerschaftsformen enthalten. Sie können sich auch im Laufe der Zeit verändern, und so kommt als weitere Dimension die Zeitachse hinzu. Eine Lebenspartnerschaft kann beispielsweise auch kameradschaftlich sein oder zeitweise leidenschaftlich. Eine ergänzende Beziehung kann je nach Charakter der Partner und Situation mehr kameradschaftlich oder mehr leidenschaftlich sein. Am seltensten zu vereinbaren ist wohl kameradschaftliche Partnerschaft und Leidenschaft in derselben Beziehung. Bei einer leidenschaftlichen Liebe besteht die Möglichkeit, daß sie sich zur Lebenspartnerschaft oder auch zu einer kameradschaftlichen Partnerschaft entwickelt. Aus jeder der genannten Beziehungsformen kann im Laufe der Zeit eine Lebenspartnerschaft entstehen. Andererseits kann eine Lebenspartnerschaft durch innere oder äußere Umstände fragmentarisch werden, und eine der anderen Beziehungen übernimmt dann teilweise die Funktionen der Lebenspartnerschaft.

Ideal wäre es, wenn jeder Mensch jede der vier Beziehungsformen gleichzeitig pflegen könnte. Dies dürfte aber in vielen Fällen wegen innerer und äußerer Zwänge kaum möglich sein. Je nach Bedürfnis wird die eine oder andere Form bevorzugt. Beispielsweise kann ein Mensch eine Lebenspartnerschaft und eine leidenschaftliche Liebe haben, vielleicht zusätzlich eine kameradschaftliche Partnerschaft; oder er hat eine offizielle praktische Lebenspartnerschaft und zur Ergänzung eine idealistisch-erotische. Denkbar wäre auch eine Lebenspartnerschaft und mehrere sporadische ergänzende Beziehungen oder eine leidenschaftliche Liebe und eine kameradschaftliche Partnerschaft. Zwei große Leidenschaften gleichzeitig werden eher selten sein. Unproblematisch sind hingegen zwei oder mehrere kameradschaftliche Beziehungen. Im besten Fall können die Partnerschaften eines Menschen all seine Lebens- und Interessenbereiche berühren.

Akute und latente Liebe

Eine weitere Einordnungsmöglichkeit bietet die Zeitachse mit Vergangenheit und Zukunft, zu der als weitere Koordinate die Aktualität hinzugefügt werden kann. Dabei läßt sich unterscheiden zwischen akuter bzw. aktueller und latenter Liebe. Wenn man eine Person wahrhaft liebt, ist diese Liebe im Bewußtsein und noch mehr im Unterbewußtsein gespeichert. Es ist ein gefährlicher Trugschluß, ernsthafte Beziehungen könnten beendet werden. Man kann höchstens den äußeren Kontakt abbrechen. Deswegen sind Menschen, die mehrere Partner hintereinander geliebt haben, nur scheinbar monogam. Die »verflossenen« Partnerschaften haben sich nicht in nichts aufgelöst. Sie bestehen weiter, im Geist, in der Seele und auf jeden Fall im Unterbewußtsein. Erinnerungen lassen sich aus dem Bewußtsein verdrängen, im Unterbewußtsein bleiben sie bestehen. Die Erfahrungen, die mit einem Partner gemacht wurden, wirken ein Leben lang, gerade dann, wenn zu verschiedenen Zeiten unterschiedliche Schlüsse daraus gezogen werden. Deswegen ist es nicht erstaunlich, daß man einen »ehemaligen« Partner nach langer Zeit wiedersieht und dabei feststellt, daß man ihn immer noch liebt. Viele Menschen finden das ungewöhnlich, doch ist es nur folgerichtig. Die Liebe war immer vorhanden, sie wurde nur in den Hintergrund gedrängt.

Daraus ergibt sich die Unterscheidung zwischen akuter und latenter Liebe. Akute Liebe steht im Vordergrund und wird intensiv erlebt. Latente Liebe steht im Hintergrund, mit ihr beschäftigt man sich nicht, aber sie ist im Bewußtsein oder im Unterbewußtsein verankert. Bei einem Kontakt mit dem betreffenden Partner oder einer Erinnerung kann latente Liebe akut werden. Die Fähigkeit der Menschen zur latenten Liebe ermöglicht die dauernde Bindung zu mehreren Partnern. Auch die Liebe zu gegenwärtigen Partnern kann zeitweise latent sein. Die Phasen von akuter und latenter Liebe zu einem bestimmten Partner können unterschiedlich lang sein. Es kann passieren, daß man einen Partner jeden Tag zeitweise akut liebt, andererseits einen anderen jahrelang nur latent. Deswegen können dauernde Bindungen auf Distanz bestehen, es dürfte hingegen fast unmöglich sein, lange Zeit mehrere Personen gleichzeitig akut zu lieben.

Wie viele Partnerschaften kann man gleichzeitig haben?

Die individuelle Lebenssituation bestimmt, wie Partnerschaften konkret ins Leben einzuordnen sind. Dabei sind folgende Gesichtspunkte entscheidend:

- Die Lebensform: Ob man mit einem Partner zusammenlebt oder allein in einer Wohnung, hat natürlich Auswirkungen auf die Partnerschaften. Wer über eine eigene Wohnung verfügt, kann jederzeit Besuch empfangen. Einen Partner mit eigener Wohnung kann man leichter besuchen als Partner, die mit jemandem zusammenleben. Unter Umständen ist es schwierig, einen Treffpunkt auszumachen.

- Das Maß an Freiheit: Am besten ist es, wenn Partnerschaften offen gepflegt werden können und der einzelne zu dem steht, was er tut. Wird man, beispielsweise durch einen eifersüchtigen Lebenspartner, zur Heimlichkeit gezwungen, ist oft eine zweite Partnerschaft schon anstrengend.

- Die berufliche Situation: Wer durch seinen Beruf sehr angespannt ist, hat wenig Muße für mehrere Partnerschaften. Wenn jemand immer am gleichen Ort arbeitet, wird er Schwierigkeiten haben, wenn einer der Partner weit weg wohnt. Mehrere Partnerschaften in der Nähe des Arbeits- und Wohnortes wird er nur ungestört haben können, wenn keine Heimlichkeiten notwendig sind. Wer beruflich reisen muß, hat es leichter, mehrere Partnerschaften zu pflegen. Reisen ermöglichen Partnerschaften auf Distanz und erleichtern es, diese, wenn nötig, geheimzuhalten.

- Die Häufigkeit der Treffen: Natürlich wird man nicht jeden Partner gleich oft treffen, den einen vielleicht einmal in der Woche, einen weiteren einmal im Monat, und mit dem Lebenspartner teilt man die Wohnung. Je häufiger man die einzelnen Partner sehen will, desto weniger Partnerschaften sind möglich. Beispielsweise ist es möglich, zwei Partner mindestens jede Woche zu treffen, bei vieren wäre das schwierig und auch psychisch belastend. Hingegen sind drei oder vier Partnerschaften realisierbar, wenn mit einem oder zweien die Treffen relativ selten sind, vielleicht weil sie weit entfernt wohnen.

Wie verhält sich eine Partnerschaft zur Außenwelt?

Ein weiteres entscheidendes Kriterium ist, wie eine Beziehung nach außen hin präsentiert wird. Oft wird, wenn mehrere Partnerschaften bestehen, der wahre Charakter einer Beziehung der Gesellschaft verborgen. Typisches Beispiel sind die leidenschaftlich Liebenden, die nach außen hin als gute Kollegen oder sogar als kühle Geschäftspartner auftreten, nach dem Motto: »Wie's drinnen aussieht, geht keinen was an.« Häufig zwingen private und gesellschaftliche Gründe oder eine zu große Diskrepanz zwischen innerem Kontakt und äußerem Auftreten zu solchem Handeln. Unter Umständen kann auch zu große Ehrlichkeit ungünstig sein.

In bezug auf die Außenwelt gibt es folgende Orientierungskriterien:

- Die offizielle Partnerschaft: Diese Partnerschaft wird nach außen als solche zu erkennen gegeben. Häufig ist es die Lebenspartnerschaft oder die Ehe. Das Paar tritt in Gesellschaft als solches auf und wird als zusammengehörig betrachtet.

- Die heimliche Beziehung: Diese steht der offiziellen Partnerschaft diametral entgegen. Die Beziehung wird, aus welchen Gründen auch immer, geheimgehalten. Nach außen hin verhalten sich die Partner distanziert, so als ob sie sich nur oberflächlich kennen würden. Vor bestimmten Personen, z. B. dem Lebenspartner oder der Familie, wird die Beziehung verborgen, und diese Versteckspiele können deshalb unter Umständen mit enormen Problemen verbunden sein.

- Die getarnte Beziehung: Hier liegt eine erotische Beziehung vor, die nach außen hin nicht als solche zu erkennen gegeben wird. Der Kontakt wird zwar nicht geheimgehalten, auch nicht vor Lebenspartner und Familie. Für die Außenwelt gilt man beispielsweise als gute Kollegen oder als Geschäftspartner. Die Liebeskontakte spielen sich jedoch im geheimen ab.

- Die nicht erklärte Beziehung: Bei dieser Art Beziehung wird nichts verborgen, aber auch nichts offengelegt. Man läßt die Umgebung im Ungewissen, wie man zueinander steht. Die Partner haben es zwar nicht nötig, etwas zu verbergen, aber sie wollen auch keine Erklärungen zu ihrem Verhältnis abgeben.

Ihr persönliches Koordinatensystem

Wer mehrere Partnerschaften hat und erkennen möchte, wie sie sich zueinander verhalten, kann sich mit Hilfe eines oder mehrerer Koordinatensysteme darüber klarwerden. Als Koordinaten können außer den bereits genannten viele weitere individuelle Kriterien herangezogen werden, z. B. Interessengebiete, Berufstätigkeit, gesellschaftliche Kontakte. Wichtige Anhaltspunkte können auch Stetigkeit oder Verbindlichkeit einer Beziehung sein: Beim Kreieren von Koordinatensystemen sind der Phantasie keine Grenzen gesetzt! Auf dem Papier muß man sich dabei mit dem üblichen zweidimensionalen Koordinatensystem begnügen, wer jedoch über entsprechende Computerprogramme verfügt, kann natürlich auch dreidimensional arbeiten und zweidimensionale Systeme durch eine räumliche Zeitachse ergänzen. Innerhalb der Koordinaten trägt man seine Partnerschaften ein, beispielsweise in verschiedenen Farben, und je nachdem, wie man Stellung und Entwicklung der Beziehungen beurteilt, zeichnet man Kurven, Geraden oder geschlossene Figuren. Natürlich können dabei auch Wünsche und Möglichkeiten für die Zukunft berücksichtigt und aufgezeichnet werden.

Dabei stellen sich folgende Fragen:

- Welches sind für mich wesentliche Orientierungskriterien (Koordinaten)?
- Wie verlaufen meine Partnerschaften? Kann ich sie als Punkte, Geraden, Kurven oder geschlossene Figuren darstellen?
- Wo liegen die Berührungspunkte zwischen den Partnerschaften? Wie wirken sie? Dabei kann man beispielsweise bei positiven Berührungspunkten ein Plus- und bei negativen ein Minuszeichen setzen.

- Welches sind die Entwicklungsmöglichkeiten meiner Beziehungen? Wie wünsche ich mir, daß die Partnerschaften sich in Zukunft gestalten? Wie sollen sie sich in Zukunft zueinander verhalten?

Wenn beispielsweise Peter und Linda ihre Koordinatensysteme zeichnen würden, könnten die Ergebnisse folgendermaßen aussehen: Peter benützt den Computer und zeichnet ein dreidimensionales Koordinatensystem mit den Koordinaten Lebenspartnerschaft, leidenschaftliche Liebe, kameradschaftliche Liebe und ergänzende Beziehung. Hinzu kommt die Zeitachse. Er zeichnet die Beziehung zu Linda als Kurve zwischen den Achsen Lebenspartnerschaft und leidenschaftliche Liebe. Sie hat sich von einer leidenschaftlichen Liebe in der Vergangenheit zur Lebenspartnerschaft der Gegenwart entwickelt. Auch in Zukunft wird sie sich zwischen Lebenspartnerschaft und leidenschaftlicher Liebe bewegen. Die Kurve für die Beziehung zu Gisela verläuft in der Vergangenheit zwischen den Koordinaten Lebenspartnerschaft und leidenschaftliche Liebe. In der Gegenwart verläuft sie zwischen den Koordinaten ergänzende Beziehung und kameradschaftliche Liebe, was sie voraussichtlich auch in Zukunft sein wird.

Peter könnte ein zusätzliches Koordinatensystem konstruieren, mit der Zeitachse und den Koordinaten akute und latente Liebe. Demzufolge wäre die Liebe zu Linda in Vergangenheit und Gegenwart akut gewesen. Die Liebe zu Gisela hingegen war in der Vergangenheit zuerst akut und nachher latent. In der Gegenwart ist sie zeitweise akut, zeitweise auch latent, aber weniger akut als die Liebe zu Linda. So wird Peter klar, daß Linda für ihn im Privatleben den Vorrang vor Gisela haben wird. Die Beziehung zu Gisela ist mehr auf kollegialer und beruflicher Ebene wertvoll. Zwischen den Beziehungen zu Linda und Gisela gibt es auch positive Berührungspunkte. Die beiden haben sich kennengelernt und verstehen sich gut.

Linda würde ihre Koordinaten eher auf Papier zeichnen. Vielleicht würde sie aber auch Peters Computer benützen, was ihre Beziehung zu Peter noch vertiefen könnte. Für sie wäre das Koordinatensystem Lebenspartnerschaft – leidenschaftliche Liebe – ergänzende Beziehung und kameradschaftliche Liebe sinnvoll. Sie trägt damit die Beziehung zu Peter bei der Geraden Lebenspartnerschaft ein, und zwar als Kurve zwischen leidenschaftlicher und kameradschaftlicher Liebe. Die Beziehung zu René ist eindeutig eine Leidenschaft, und zwar eine, die zwischen Höhen und Tiefen schwankt, also eine ausgeprägte Kurve. Ihr wird klar, daß sie René ebenfalls leidenschaftlich liebt, aber für ihn nicht ihre Lebensgemeinschaft mit Peter und ihre neue Freiheit aufgeben würde.

Lebensanalyse – Wo stehe ich im Moment?

Bei der Lebensanalyse wird nicht nur die Gegenwart, sondern auch die Vergangenheit betrachtet. Dabei stehen folgende Fragen im Vordergrund:

- Welche Lebensbereiche bringen mir Gewinn und Energie, und welche haben Verluste zur Folge bzw. entziehen mir Energie? Was hat mir in früheren Lebensphasen Energie gebracht, bzw. Energie entzogen?
- Welche Ziele sind heute für mich besonders wichtig? Welche Ziele waren früher für mich wichtig? Gibt es Ziele, die sich als verfehlt oder nicht lohnend erwiesen ha-

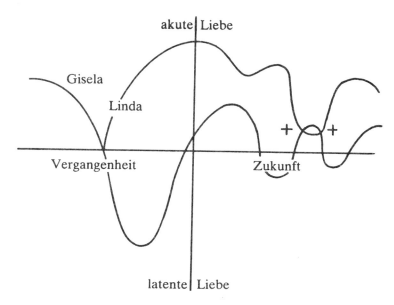

Abb. 3 Peters Koordinatensystem

ben? Hatte ich früher einmal ein lohnendes Ziel, das ich aus den Augen verloren habe?

• Was hat in meinem Leben Priorität? Das ist die grundlegendste Frage, die durch die Lebensanalyse beantwortet werden kann.

Der Unternehmensberater Werner Siegert bezeichnet in seinem Buch »Mehr Lebensenergie. Selbst-Management und Liebe« das persönliche Energienetz als Grundlage der Lebensanalyse. Die Menschen verfügen über mehrere Energiequellen: »Sie sind miteinander vernetzt ... Manche liefern viel Energie, manche weniger, manche brechen auch zusammen. Es gibt kraftverzehrende Kurzschlüsse. Und es gibt in diesen menschlichen Energienetzen auch Knoten, die nur Energie verzehren. Wir nennen sie Lecks, denn aus ihnen fließt viel, manchmal sogar sehr viel Energie ab.«

127

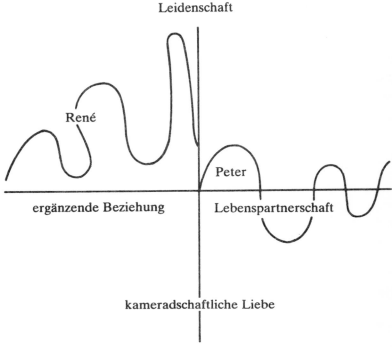

Abb. 4 Lindas Koordinatensystem

Die zweite Komponente der Lebensanalyse ist das Zielesetzen. Unter Selbst-Management versteht Werner Siegert folgendes: »Es umfaßt alle Methoden, um wesentliche Lebensziele beruflicher und privater Art sicherer, konsequenter und leichter zu erreichen.« Die wichtigsten Komponenten des Selbst-Managements sind Ziele, Energie und Zeit. Diese drei Faktoren bedingen einander. Hat man wirklich attraktive Ziele, wird man auch Energie und Zeit dafür aufbringen. Hat man Energie, wird man auch attraktive Ziele finden. Wenn man Ziele und Energie hat, motiviert das zu einer Zeiteinteilung, die alles berücksichtigt.

Das persönliche Energienetz

Um das persönliche Energienetz zu analysieren, muß eine Zusammenstellung der Lebensbereiche angefertigt werden, und zwar im Hinblick darauf, ob sie positiv oder negativ auf das Leben wirken. Wie bereits erwähnt, gibt es Energiefresser, die immer wieder belastend wirken, Ärger, Streß oder sogar ernsthafte Probleme verursachen. Auf der anderen Seite gibt es Energiespender, zu denen natürlich glückliche Liebesbeziehungen gehören. Hat ein Mensch mehrere davon, kumuliert und potenziert sich die positive Energie und wirkt sich auf alle Lebensbereiche aus. Besonders klar läßt sich dies feststellen, wenn zu bestehenden Beziehungen eine neue hinzukommt, die einen Zustrom von positiver Energie bewirkt, die sich auch auf Dritte auswirken kann.

Unglückliche Liebesbeziehungen hingegen sind Energiefresser. Nur eine davon kann ein ganzes Energienetz stören, und zwar nicht nur für die Nächstbeteiligten, sondern auch für ihnen nahestehende Personen. Auch negative Lebensumstände können Energie fressen oder zumindest den positiven Energiefluß stören oder verhindern. Wenn ein Liebespaar sich zu Schleichwegen und Heimlichtuerei gezwungen fühlt, braucht es dafür viel Energie, die eigentlich anderem (auch den schon vorher bestehenden Beziehungen) zugute kommen könnte. Eine Beziehung, die auf Heimlichkeiten beruht, wird sich für Dritte nur schwerlich positiv auswirken. Besonders intensive Energiefresser sind Trennungen. So ist es zu erklären, daß eine Ehe schlechter wird, nachdem die außerehelichen Beziehungen aufgelöst wurden.

Bei der Analyse des eigenen Energienetzes ist es wichtig, zuerst eine Liste von wichtigen Lebensbereichen zusam-

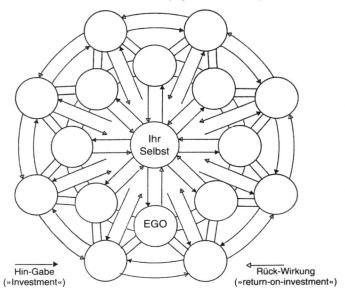

Das Persönliche Energienetz
Woher beziehen Sie Ihre psychische Energie?

Ihr Selbst

EGO

Hin-Gabe
(»Investment«)

Rück-Wirkung
(»return-on-investment«)

○ Schlüsselbereiche Ihres privaten und beruflichen Lebens = entscheidende Quellen oder Lecks Ihrer psychischen Energien

Die Pfeile sind jeweils mit zwei Vorzeichen zu versehen: am Ursprung und am Ziel.
+ am Ursprung heißt: positiv gemeint
+ am Ziel heißt: (vermutlich) positiv angekommen
- am Ursprung heißt: negativ (konfliktfördernd) gemeint
- am Ziel heißt: (vermutlich) negativ angekommen

Eine energetische Beziehung besteht jeweils aus Hin-Gabe und Rück-Wir-kung. *Ein positiver Kreislauf begründet ein synergetisches Feld, das beide Systeme mit positiven Energien füllt.* Eine durch ein oder gar zwei Minus-zeichen gekennzeichnete Beziehung führt zur Zerstörung positiver Ener-gien.

Abb. 5: Werner Siegert: »Mehr Lebensenergie – Selbst-Manage-ment und Liebe«.

130

menzustellen und sie danach zu ordnen, ob man durch sie Energie gewinnt oder verliert. Wenn beides der Fall ist, muß darüber nachgedacht werden, was überwiegt. Man kann es beispielsweise mit Hilfe von Plus- und Minuszeichen darstellen,+ + - oder - - +, und eine Begründung dazu notieren. Ist die Zusammenstellung fertig, werden die einzelnen Elemente in die Darstellung des persönlichen Energienetzes eingetragen.

In die einzelnen Kreise sind wichtige Bereiche einzutragen, z. B. Beruf, Familie, Hobbys, Freunde, Tiere usw. Die Pfeile stellen die Beziehungen zwischen den Lebensbereichen dar. Wo die Beziehungen positiv sind, wird bei den entsprechenden Pfeilen ein Pluszeichen eingesetzt, dort, wo negative Beziehungen bestehen, ein Minuszeichen. Nicht zu vernachlässigen ist die Selbst-Ego-Beziehung. Selbst-Management setzt voraus, daß man sich selbst akzeptiert! Wer Probleme mit dem Selbstwertgefühl hat, sollte diese zuerst lösen, vielleicht sogar mit fachkundiger Hilfe.

Die individuelle Darstellung zeigt, welche Ihrer Lebensbereiche positiv und welche negativ wirken. Die Frage ist jetzt: Was kann ich ändern? Nicht jede energiefressende Situation kann verändert werden. Beispielsweise kann man alte, kranke Eltern oder behinderte Partner, die Zuwendung brauchen, nicht im Stich lassen; man kann jedoch Freundschaften abbrechen, die für beide Teile nur noch Ärger zur Folge haben, oder berufliche Ziele verändern, wenn man einen unbefriedigenden Job hat.

Dabei ist es von Nutzen, wenn auch die Vergangenheit in die Betrachtung miteinbezogen wird:

• Gab es in der Vergangenheit positive Lebensbereiche oder Beziehungen, die in den Hintergrund getreten oder sogar verlorengegangen sind? Könnte ich diese wieder aktivieren?

- Gab es in der Vergangenheit Positives, von dem ich jetzt noch zehren kann? Wieweit kompensiert das meine heutigen Probleme?
- Gab es in der Vergangenheit Negatives, das ich noch nicht bewältigt habe und das sich deshalb negativ auf die heutige Situation auswirkt?

Auch Peter und Linda analysieren ihr Energienetz. Die Zusammenstellung ihrer Lebensbereiche sieht folgendermaßen aus:

Peter

- Beruf + + (Der Beruf macht mir Spaß.)
- Selbständigkeitspläne + + - (Ich freue mich auf die Selbständigkeit, aber es wird auch Energie benötigen.)
- Beziehung zu Linda + + (Sie bedeutet mir viel und hat als Lebensbeziehung Priorität.)
- Beziehung zu Gisela + + (Ohne Gisela könnte ich meine Selbständigkeit nicht so leicht erreichen. Die Beziehung zu ihr bedeutet mir viel, weil sie mich beruflich anregt. Außerdem hat sie mir in der Vergangenheit viel Energie gegeben, die ich heute wieder spüre.)
- Selbst-Ego-Beziehung + + (Ich finde mich gut. Manchmal habe ich sogar fast zuviel Selbstbewußtsein und gehe ein Risiko ein, zum Beispiel wenn ich mich selbständig mache.)

Linda

- Beziehung zu Peter + + (Eine positive Lebensbeziehung, die ich behalten will und die Vorrang vor allem anderen hat.)

- Beziehung zu René + + - (Diese Beziehung regt mich an, weil ich starke Gefühle habe und René mein Interesse für klassische Musik versteht. Allerdings macht mir Renés Eifersucht Probleme.)
- Beruf + - (Mein Beruf als Sekretärin hat mir bisher Spaß gemacht. Allerdings denke ich an Veränderungen. Dazu hat mich die Beziehung zu René angeregt. Ich möchte mich vermehrt mit Musik beschäftigen.)
- Kammerorchester + + (In jeder Hinsicht ein Energiegewinn. Erstens spiele ich gern klassische Musik, und zweitens sind wir eine gute Gruppe.)
- Selbst-Ego-Beziehung + (Ich mag mich selbst. Hie und da habe ich Zweifel, das Richtige zu tun, aber ich denke, das ist normal).

Peter und Linda tragen diese Zusammenstellung ins Energienetz ein. Dabei sehen sie, daß in ihrem Leben die positiven Elemente überwiegen. Außerdem stellen sie fest, daß es notwendig ist, neue Ziele zu setzen.

Realisierbare Ziele setzen

Sobald das Energienetz analysiert ist, können Ziele gesetzt werden. Wer mehrere Ziele hat, aber nicht alle oder zumindest nicht alle gleichzeitig anstreben kann, weil dies einfach unrealistisch wäre, muß Prioritäten setzen. Dabei ist zu berücksichtigen, daß ein Ziel den Weg zu einem anderen erleichtern kann.

Beim Zielesetzen kann folgende Checkliste bearbeitet werden:

- Was würde ich gern machen, und wo liegen meine Stärken und Schwächen?

- Welche Ziele habe ich bisher erreicht und welche noch nicht?
- Welche Ziele haben sich als ungünstig erwiesen?
- Welche Ziele können meine positiven Energien freisetzen?
- Welche Ziele lassen sich miteinander koordinieren, und welche sind unvereinbar?
- Welche Ziele muß ich erreichen, weil ich mich dazu verpflichtet fühle?
- Welche Ziele sind mir besonders wichtig?
- Welche Ziele könnte ich zurückstellen oder aufgeben?
- Welche Ziele können relativ leicht erreicht werden?
- Welche Ziele können nur mit relativ großem oder unverhältnismäßig großem Aufwand erreicht werden?

Wenn diese Fragen beantwortet sind, wird ein Programm zusammengestellt, in dem festgelegt wird, welche Ziele kurz-, mittel- oder langfristig zu erreichen sind. Da kurzfristige Ziele meistens leichter zu erreichen sind als langfristige, empfiehlt es sich, bei mittel- und langfristigen Zielen Teilziele zu formulieren. So läßt sich der Erfolg leichter messen.

Ziele kann man nur für sich selbst setzen! Dies gilt besonders für das Privatleben. (In einem Unternehmen setzt die Geschäftsleitung Ziele, die jedoch nur dann zum Erfolg führen, wenn sie der Belegschaft nicht diktatorisch aufgezwungen werden.) Natürlich gibt es in privaten Gemeinschaften Ziele, die gemeinsam gesetzt und gemeinsam erreicht werden können und müssen. An einen gefaßten Beschluß sollten sich deshalb alle Beteiligten halten, die natürlich grundsätzlich damit einverstanden sein müssen. Nie sollte man versuchen, anderen seine eigenen Ziele aufzuzwingen, man kann für sich selbst beispielsweise beschließen, monogam zu leben, aber wenn der Partner seine Freiheit bewahren will, sollte das respektiert werden. Umgekehrt ist es ebenso anmaßend, einem Partner die Polygamie aufzwingen zu wollen, nur weil man selbst mehrere Partnerschaften hat. Dies wird allerdings selten vorkommen. Es wäre aber doch denkbar, beispielsweise wenn ein polygam lebender Mensch seinem Partner gegenüber bewußt oder unbewußt ein schlechtes Gewissen hat. Dann könnte er dieses zu beruhigen versuchen, indem er den monogamen Partner dazu bringen will, ebenfalls polygam zu leben. Besser wäre es in diesem Fall, mit dem schlechten Gewissen fertig zu werden.

Besonders bei Zielen, die man sich gemeinsam setzt, ist es wichtig, daß diese realistisch und nicht auf Dauer einschränkend sind. Bei Treueschwüren ist deshalb höchste Vorsicht geboten. Auch wenn beide Partner noch so ehrlich glauben, sie würden – womöglich ein Leben lang – keine anderen erotischen Beziehungen haben, ist es ein unrealistisches Versprechen. Bei jungen Menschen läßt sich dies allenfalls mit jugendlichem Idealismus und Unerfahrenheit entschuldigen, bei älteren Menschen sind solche Treueschwüre geradezu unverantwortlich, leichtsinnig oder größenwahnsinnig. Die allgemeine Lebenserfahrung zeigt, daß sie in den wenigsten Fällen eingehalten werden, unrealistisch und zu Recht nicht bindend sind. Es gibt auch einen entsprechenden juristischen Grundsatz: Übermäßige Bindungen gelten als unsittlich und deswegen als ungültig. Diese Regelung steht meistens im Obligationenrecht. Die Ehe bildet zwar eine Ausnahme, doch wird auch die Ausnahmeregelung durchbrochen durch die Möglichkeit der Ehescheidung. Dabei müßten übermäßige, einschränkende Bindungen gerade im Privatleben als ungültig gelten. Ein Monogamie-Versprechen, das dazu noch häufig in dem Ausnahmezustand heftiger Leidenschaft abgegeben wird, kann kein vernünftiger Mensch als auf Dauer bindend betrachten. Es ist geradezu unfair, sich darauf zu berufen. Noch besser: Man sollte solche einschränkenden Versprechen überhaupt nicht abgeben.

Peter und Linda setzten sich aufgrund der Beziehungsanalysen und der Lebensanalysen einige neue Ziele. Weil sie ihre Lebenspartnerschaft als verbindlich ansehen, betrachten sie diese als gemeinsames Ziel und besprechen sie miteinander. Hier haben wir ein Beispiel, wie sich individuelle Lebensgestaltung und Lebenspartnerschaft vereinbaren läßt.

- Wir wollen unsere Lebenspartnerschaft weiterführen. Wir lassen uns die Freiheit zu anderen Beziehungen, aber unsere Lebenspartnerschaft hat Priorität.
- Wir wollen unsere anderen Partnerschaften weiterführen. Peter und Gisela werden dabei weniger Konflikte haben als Linda und René. Linda will aber die Probleme mit René zusammen lösen, weil diese Energie fressen. Sie will René vorschlagen, auch eine Beziehungs- und Lebensanalyse zu machen. Sie setzt sich die Frist von einem Jahr. Bis dahin soll die Auseinandersetzung mit René ein Ergebnis bringen. Dann können Linda und René aufgrund dessen beurteilen, ob und wie sie die Beziehung weiterführen oder ob sie sie auflösen.
- Wir wollen uns beruflich neu orientieren. Peter setzt sich das Ziel, mit Gisela zusammen eine eigene Firma zu gründen. Dafür setzen Gisela und er sich die Frist von einem Jahr. Linda will sich ebenfalls nach einer neuen Tätigkeit umsehen, die mehr mit Musik zu tun hat. Dafür will sie sich Zeit lassen. Allerdings setzt auch sie sich ei-

ne Frist. In einem Jahr will sie zumindest die Möglichkeiten abgecheckt haben.

Und wenn man ein Ziel nicht wie vorgesehen erreicht ...?

Auch bei realistischen oder realistisch erscheinenden Zielen können sich Schwierigkeiten ergeben. Entweder wird ein Ziel nicht in der vorgesehenen Zeit erreicht, es gibt Verzögerungen, oder man entfernt sich vom Ziel. Dann muß die Zielsetzung erneut analysiert werden:

• Habe ich mir zuviel vorgenommen? Beispielsweise kann ein Mensch ein wichtiges berufliches Ziel haben, das innerhalb einer bestimmten Zeit besondere Anstrengung erfordert. Gleichzeitig hat er seit Jahren eine feste Partnerschaft und eine, die lockerer ist. Wenn der betreffende Mensch während dieser Streßzeit noch eine dritte Beziehung aufbauen wollte, könnte er überlastet sein. Wenn auch neue Beziehungen immer mit positiver Energie verbunden sind, wird doch gerade in der Anfangsphase besonderes Engagement gefordert. Es könnte leicht passieren, daß er eines der Ziele nicht erreicht. Vielleicht scheitert das berufliche Ziel oder eine der Partnerschaften. In jedem Fall muß eines der Ziele zurückstehen, und es wäre am sinnvollsten, mit dem Beginn der neuen Partnerschaft zu warten, bis das berufliche Ziel erreicht ist. Das bedeutet ja nicht, daß man mit der betreffenden Person keinen Kontakt haben soll. Im Gegenteil, die Wartezeit kann ja als Testphase angesehen werden, um den anderen besser kennenzulernen.

- Welche inneren und äußeren Umstände hindern mich daran, ein Ziel zu erreichen? Manchmal gibt es eindeutige äußere Gegebenheiten, die eine oder mehrere Partnerschaften erschweren, z. B. weite Entfernung, kein günstiger Treffpunkt, Geldsorgen. Derartige Probleme können sehr belastend wirken, aber sie sind eindeutig. Sie können gezielt gemeinsam angegangen werden, und es lassen sich über kurz oder lang Lösungen finden.
  Innere Hindernisse sind nicht immer leicht zu erkennen. Oft liegen sie im Unterbewußtsein. Beispielsweise kann sich ein Mensch bewußt mehrere Partnerschaften wünschen, aber dies unbewußt ablehnen, vielleicht beeinflußt von Erziehung oder Religion. Viele Menschen haben Angst vor zuviel Freiheit. Andere möchten zwar frei leben, schrecken aber davor zurück, ihrem bisherigen Lebenspartner dasselbe zuzugestehen. Lieber schränken sie sich selbst ein. Liegen derartige Gründe vor, muß der einzelne sich darüber klarwerden, was er will, und sich bewußt entscheiden. Es ist nichts dagegen einzuwenden, daß jemand beschließt, monogam zu leben. Unhaltbar ist es aber, diese Entscheidung auch für andere zu treffen und seinem Partner auch die Monogamie aufzwingen zu wollen.
- War das Ziel realistisch? Beispielsweise kann man sich, wenn man bisher monogam gelebt hat, nicht von einem Tag auf den anderen vornehmen, zu einem bestimmten Zeitpunkt mehrere Beziehungen zu haben. Liebe läßt sich nicht erzwingen, und wer sie besonders angestrengt sucht, der findet sie oft nicht. Das Ziel muß anders formuliert werden, beispielsweise: In Zukunft will ich mich offenhalten für mehrere Beziehungen, und wenn sich neue ergeben, will ich sie mit den bestehenden koordinieren.

• Habe ich falsche Vorstellungen von einer Bezugsperson und versuche, diese zu Handlungen zu bewegen, die gegen ihre Natur sind? Beispielsweise ist freie Liebe kaum zu leben mit jemandem, der monogam veranlagt ist. Von Natur aus monogame Personen dürften zwar selten sein, aber sicher gibt es sie. Allenfalls kann ein monogamer Mensch noch dem Partner seine Freiheit lassen. Er wird sich selbst aber nicht dazu bewegen lassen, auf Dauer mehrere Partnerschaften zu haben. Verliebt man sich also in einen monogamen Menschen, der bereits gebunden ist und die bisherige Beziehung aufrechterhalten will, ist sicherlich auf Dauer kein erotischer Kontakt möglich. Erstrebenswert wäre, daß der andere dies ehrlich sagt, es ist jedoch nicht jedermanns Sache, Liebe direkt abzuweisen, obwohl es das fairste wäre.

Wie mit Problemen umgehen?

Auch bei einem guten Selbst-Management kann man aus verschiedenen Gründen in problematische Situationen geraten. Wenn diese längere Zeit dauern, kosten sie Energie. Amerikanische Ratgeber bieten für solche Fälle drei Lösungen an: Love it, change it, leave it. Eine vierte Möglichkeit ist: Compensate it.

»Love it« bedeutet, eine Situation so zu akzeptieren, wie sie ist, und das Beste aus ihr zu machen. Vielleicht ist es möglich, aus dem Problem etwas zu lernen oder bei längerem Nachdenken einen positiven Aspekt zu finden, den man zuvor gar nicht bemerkt hatte. Oder es wurden unrealistische Erwartungen gehegt, und die Situation ist in Wahrheit gar nicht so negativ, wie sie erschienen ist.

»Change it« kann, je nach Situation, ganz unterschiedlich aussehen. Vielleicht sind nur einige geringfügige Sachen zu ändern, um ein Problem positiv zu lösen. In anderen Fällen sind tiefgreifende Umstellungen notwendig. Es ist oft der Fall, daß eine Person auch sich selbst, ihr Verhalten und ihre Einstellung ändern sollte. Nur eines führt kaum zum Ziel, nämlich, von anderen Menschen zu verlangen, daß sie sich ändern.

»Leave it« bedeutet, daß etwas aufzugeben ist, was nur noch Energie zehrt und nichts Positives mehr bringt. Es kann aber auch bedeuten: Lockerlassen und Abstand gewinnen! Eine Selbst-Managementregel sagt: »Ein Problem lösen heißt, sich vom Problem lösen.« Unter Umständen ergibt sich gerade durch das Lockerlassen eine Lösung, die man vorher nicht gesehen hatte. Auf jeden Fall läßt sich das Problem aus der Distanz objektiver angehen.

Ein vierter Vorschlag von Werner Siegert: Compensate it! Es gibt immer wieder problematische Situationen, die man weder akzeptieren noch aufgeben, noch ändern kann. Dann bleibt nur die Möglichkeit, sich einen positiven Ausgleich zu schaffen. Die Kompensation muß keinesfalls auf materieller Ebene liegen, im Gegenteil. Rein materielle Kompensationen können sogar gefährlich werden, weil sie zu Suchtverhalten führen können. Empfehlenswert sind Kompensationen im zwischenmenschlichen und kulturellen Bereich. Beispielsweise kann eine unbefriedigende Ehe, die der Familie wegen aufrechterhalten wird, durch glückliche Liebesbeziehungen zumindest kompensiert oder sogar reaktiviert werden.

140

Mehrere Partnerschaften im Alltagsleben

Wo liegen die Prioritäten?

Wir haben gesehen, wie die Bedeutung von Partnerschaften ermittelt werden kann und wie mit Hilfe einer Lebensanalyse Prioritäten gesetzt werden können. Das genügt aber nicht, wenn es darum geht, Partnerschaften ins Alltagsleben einzufügen. Schließlich gibt es im Leben ja auch noch einiges andere als Liebesbeziehungen, und es ergeben sich manchmal ganz konkrete alltägliche Schwierigkeiten, und zwar auch dann, wenn alle Beteiligten ein harmonisches Verhältnis anstreben.

Ein Beispiel: Paul und Julia sind verheiratet und haben drei Kinder, zwölf, zehn und sieben Jahre alt. Paul ist Ökonom, arbeitet in einem größeren Unternehmen und hat begründete Aussichten auf eine höhere Position. Julia hatte ihre Berufstätigkeit als Krankenschwester nach der Geburt des zweiten Kindes aufgegeben. Jetzt, wo das dritte schulpflichtig wird, denkt sie daran, eine Teilzeitarbeit zu suchen. Julia und Paul hatten am Anfang ihrer Ehe das Problem der »Untreue« besprochen. Sie kamen dabei zu dem Schluß, daß es unrealistisch sei, von dem Ehepartner lebenslange Monogamie zu erwarten. Sie vereinbarten, daß sie sich gegenseitig eine Partnerschaft neben der Ehe zugestehen würden, »falls sich eine solche ergeben sollte. Dies ist auf jeden Fall besser, als sich wegen einer Außenbeziehung zu trennen, vor allem, wenn Kinder da sind«, meinten sie. Bisher war das Thema nicht aktuell geworden. Zwar gab es gelegentliche Seitensprünge auf beiden Seiten, sie waren jedoch immer nur kurze Affären und blieben geheim.

Nun trat in Pauls Firma eine neue Mitarbeiterin ein, Rosmarie S. Sie hatte die Hochschule mit Erfolg abgeschlossen und wollte in der Firma praktische Erfahrungen sammeln. Ihre guten Zeugnisse verhalfen ihr zu einem Job als Pauls Assistentin. Schon bei der ersten Begegnung funkte es kräftig. Beide hielten sich aber zurück. Rosmarie wollte kein Verhältnis zu einem Vorgesetzten und Paul auch nicht zu einer Mitarbeiterin, die ihm unterstellt war. Aber trotzdem oder gerade deshalb entstand eine intensive geistige Beziehung. »Die haben was miteinander«, munkelte man in der Firma, bevor sich die beiden auch nur einen Kuß gegeben hatten. Natürlich war es unvermeidlich, daß auch körperliche Anziehung mit ins Spiel kam. Eines Abends, nach ein paar Überstunden, brachte Paul Rosmarie nach Hause. Als sie sich verabschieden wollten, gaben sie sich die Hand, und das wirkte wie ein elektrischer Schlag. Sie gingen gemeinsam in Rosmaries Wohnung, und dort entluden sich die aufgestauten Gefühle. Beide spürten, daß es ernst war und lange dauern sollte. Paul sagte Rosmarie, daß er sich niemals scheiden lassen würde, aber daß er, gemäß Verabredung mit seiner Frau, eine Außenbeziehung haben könnte. Rosmarie ihrerseits hatte einen Freund namens Rudolf. Dieser wollte sie heiraten oder zumindest mit ihr zusammenleben, aber Rosmarie hatte sich bisher noch nicht dazu entschließen können, hatte aber mit ihrem Freund auch keine Absprachen in bezug auf weitere Beziehungen getroffen. Soweit die Ausgangslage. Daraus ergeben sich folgende Fragen:

- Wo liegen die Prioritäten?
- Wie und wo trifft man sich?
- Wieviel Zeit darf eine neue Partnerschaft beanspruchen?
- Wie wirkt sich die neue Beziehung auf die bisherigen aus?

- Wie offiziell darf die Beziehung sein? Wieweit soll man gegenüber dem oder den bisherigen Partner(n) offen sein?
- Wie gestaltet man das Verhältnis zwischen dem neuen und den bisherigen Partner?
- Wie verhält man sich gegenüber Kindern, Eltern und sonstigen Familienmitgliedern?
- Wie läßt sich die neue Beziehung mit dem Beruf vereinbaren?

Von diesen Fragen ist die erste die grundlegendste: Wo liegen die Prioritäten? Um das herauszufinden, ist in vielen Fällen eine Beziehungs- und Lebensanalyse hilfreich. Paul und Rosmarie haben, jeder für sich, ihre Beziehungen und ihr Leben analysiert und dabei folgendes festgestellt: Für Paul hat nach wie vor die Ehe mit Julia und seine Familie Priorität. Die Beziehung zu Julia schätzt er ein als Lebenspartnerschaft, die zeitweise leidenschaftlich ist, aber auch kameradschaftliche Elemente hat. Bisher hat er Julia nichts von Rosmarie erzählt. Er will das auch nicht von sich aus machen: »Wozu soll ich unnötig Komplikationen riskieren?« Er nimmt sich aber vor, die Wahrheit zu sagen, falls Julia einen Verdacht äußern sollte. Rosmarie bedeutet für ihn ganz eindeutig eine ergänzende Beziehung, und zwar in erster Linie eine leidenschaftliche, obwohl sie durch die Zusammenarbeit auch kameradschaftliche Aspekte hat. Er setzt sich das Ziel, beide Partnerschaften weiterzuführen. Sonst will er sein Leben aber nicht ändern. Seine beruflichen Pläne will er wie bisher weiterführen.

Für Rosmarie ist das Ergebnis der Lebensanalyse nicht so einfach. Sie betrachtet ihre bisherige Beziehung zu Rudolf mehr als kameradschaftlich. Bisher war sie ihre Lebensbeziehung, aber sie ist sich jetzt nicht mehr sicher, ob das so bleiben soll. »Vielleicht«, denkt sie, »ist Rudolf auf Dauer nicht der Richtige für eine Lebenspartnerschaft.« Die Beziehung zu Paul ist für sie eindeutig eine große Leidenschaft und vorläufig eine ergänzende Beziehung. Sie wünscht sich zwar, daß ihre Beziehung zu Paul eine Lebenspartnerschaft würde, und will sie auf jeden Fall fortsetzen. Sie will andererseits nicht Pauls Ehe zerstören. Sie ist der Meinung, daß man eine Lösung finden muß, die allen Beteiligten gerecht wird. Das ist ihr Hauptziel.

Mit Rudolf will sie offen über ihr Verhältnis mit Paul reden und ihm auch zugleich sagen, daß sie ihn auf jeden Fall nicht heiraten wird. Ob und wie er die Beziehung mit ihr fortsetzen will, wird sie ihm überlassen. »Wenn er eine andere Lebenspartnerin findet«, denkt sie, »darf ich ihn nicht daran hindern, auch nicht, wenn er mich ihretwegen verläßt. Gegenüber Paul will ich mir die Freiheit bewahren, weitere Beziehungen zu haben und auch neue anzuknüpfen. Das ist mein gutes Recht, wenn er verheiratet ist.«

Paul und Rosmarie haben Ziele gesetzt, die realisierbar sind. Es wurde aber, und das ist richtig, nicht zu viel geplant. Auf beiden Seiten sind Entwicklungs- und Entscheidungsmöglichkeiten offen. Paul wird seine Ehe weiterführen. Er kann je nach Situation seiner Frau die Wahrheit sagen oder auch schweigen. Beides wäre richtig, denn auch wenn man sich gemeinsam geeinigt hat, eine Zweitbeziehung zu akzeptieren, ist Diskretion von Vorteil. Eine direkte Frage erfordert allerdings eine ehrliche Antwort. Hat man die Beziehungs- und Lebensanalyse abgeschlossen, kann man zu den praktischen Fragen übergehen.

Wo und wie trifft man sich?

Soll ein Treffen organisiert werden, gibt es zumindest folgende Komponenten zu berücksichtigen: Ort, Entfernung und Zeitpunkt. Im Fall von Rosmarie und Paul sind die Probleme von Ort und Entfernung gering: Rosmarie hat eine eigene Wohnung und wohnt nur eine Viertelstunde entfernt von Paul. Schwierig wird es, wenn beide Partner mit anderen Menschen zusammenwohnen, einem Partner, Kindern oder Eltern, und das womöglich in beengten räumlichen Verhältnissen. Dann dürfte es – auch wenn die zweite Beziehung offiziell ist – unmöglich sein, sich mit dem zweiten Partner zu Hause zu treffen, jedenfalls für Intimitäten. Ein guter Ausweg wäre in einem solchen Fall, sich ein Zimmer für Treffen zu mieten, was wegen der Wohnungsnot und aus finanziellen Gründen in vielen Fällen nicht möglich ist. Wenn es in vernünftiger Entfernung ein gepflegtes Stundenhotel gibt, kann man davon Gebrauch machen. Hotels sind, wenn man es sich finanziell leisten kann, nicht die schlechteste Lösung. Manchmal besteht auch die Möglichkeit, stundenweise eine Sauna zu mieten, in der man zu zweit allein sein kann. Eine Anfrage im Sportzentrum kann sich lohnen. Weniger geeignet sind als Treffpunkt Wohnungen von Freunden, Verwandten oder Bekannten. Dies ist höchstens dann von Vorteil, wenn die Beziehung relativ offiziell ist oder die Wohnung einer vertrauenswürdigen und verschwiegenen Person gehört.
Wenn ein Paar in großer Distanz voneinander lebt, bedeutet das keinesfalls, daß die Beziehung scheitern muß. Je geistiger und tiefer eine Partnerschaft ist, desto weniger scheitert sie an räumlicher Entfernung, weil man sich dann

145

auch bei seltenen Treffen versteht und diese sogar besonders intensiv genießt. Manchmal passiert es auch, daß eine
Beziehung nur auf Distanz gut funktioniert und anregend
ist, die unbefriedigend wäre, wenn die Partner nahe bei-
einander wohnen und sich häufig sehen würden. Wenn eine Beziehung auf Distanz scheitert, dann gibt es dafür meistens auch andere Gründe als die Entfernung. Es kann
natürlich auch so sein, daß die Wahrscheinlichkeit, sich
wiederzusehen, sehr gering ist. Dann handelt es sich jedoch meist um eine Beziehung zwischen zwei Kulturkrei-
sen oder eine Urlaubsliebe, die im Alltagsleben ohnehin
problematisch sein könnte. In einem solchen Fall ist es am
besten, die Beziehung in schöner Erinnerung zu behalten
und nicht fortzusetzen.

Wieviel Zeit kann eine Beziehung beanspruchen?

Ein schwierigeres Problem als Ort und Distanz ist meistens, wie beide Partner genügend Zeit für Treffen aufbringen können. Wegen beruflicher, familiärer und sonstiger Verpflichtungen ist oft die Zeit für Zweit- und
Drittbeziehungen knapp. Dann muß man die Zeit systematisch einteilen. Es kommt vor, daß sogar wertvolle zwischenmenschliche Beziehungen daran scheitern, daß einer der Partner nie Zeit für den anderen hat, wenn das
auch meistens nicht der einzige Grund ist. Deswegen ist
Zeitplanung wichtig, wobei vorgegebene Schemata nicht
empfehlenswert sind, da Zeiteinteilung auf individuelle
Bedürfnisse abgestimmt werden muß. Eine wichtige

Grundregel lautet: Erledige Wichtiges vor dem Dringenden!

Wer mehrere Beziehungen hat, muß die Verabredungen mit den Partnern planen und vor allen Dingen auch einhalten. Wer dauernd Termine abmacht und sie immer wieder wegen etwas anderem absagt, das ihm lieber ist oder auch wichtiger erscheint, wird sehr bald unseriös wirken. Menschen, die so handeln, werden über kurz oder lang ihre Beziehungen verlieren. Jeder der Partner wird annehmen, daß er dem Betreffenden, verglichen mit anderem, wenig bedeutet. Deshalb sollten Verabredungen nur aus besonders wichtigen Gründen, wie Krankheiten oder Todesfällen, abgesagt werden. Gelegentlich kann auch ein geschäftlicher Anlaß der Absagegrund sein. Wenn der Beruf aber immer wieder als Grund genannt wird, wirkt dies auf die Dauer wie eine Ausrede. In vielen Fällen ist der Zeitmangel tatsächlich bewußt oder unbewußt vorgeschoben, und die wahren Hindernisse liegen ganz woanders. Dies herauszufinden, kann sehr anstrengend und zermürbend sein. Wenn ein wichtiges zeitraubendes berufliches Ziel besteht, sollte offen darüber geredet werden und vor allem auch darüber, wie lange die kritische Phase voraussichtlich dauert. Eine andere Variante der mangelnden Planung ist, daß überhaupt keine Verabredungen getroffen werden, sondern man unangemeldet bei den Partnern aufkreuzt oder eine halbe Stunde vorher anruft und erwartet, daß der andere gerade Zeit hat. Bei besonderen Gelegenheiten kann man das machen. Tut man's aber immer wieder, wirkt es unhöflich und despektierlich. Andererseits kann man auch zuviel planen. Unrealistisch wäre es beispielsweise, für jeden Partner bestimmte Wochentage zu reservieren und dieses Programm stur einhalten zu wollen. Durch eine so starre Planung wird man unflexibel und kann nur noch schwer auf spezielle Wünsche und Bedürfnisse der Partner eingehen.

Zur Zeitplanung gehört es auch, zeitraubende Faktoren auszuschalten. Es kommt oft vor, daß für eine bestimmte Tätigkeit so viel Zeit verbraucht wird, wie anscheinend zur Verfügung steht. Dies ist oft mehr, als eigentlich notwendig wäre. Häufige Zeiträuber sind zum Beispiel zu spontane Handlungen, die zu Fehlern führen, schlechte Kommunikation, Unentschlossenheit, mangelhafte Organisation oder Überorganisation. Die persönlichen Zeitdiebe müssen ausfindig gemacht werden, indem man zum Beispiel ein paar Tage lang Buch über seine Handlungen führt. Dabei müssen auch Pausen, Tagträumereien (die auch für Beziehungen sehr fruchtbar sein können) oder Privatgespräche mitberücksichtigt werden. Viele dieser Zeitdiebe werden durch eine sorgfältige Planung und Organisation ausgeschaltet. Dies zwingt zu Disziplin, denn häufig entstehen Zeitdiebe aus einem Mangel an Disziplin.

Außerdem ist es notwendig, mittel- und kurzfristige Teilziele zu setzen (Tages- und Wochenpläne). Man kann sich fragen: Wieviel Zeit brauche ich erfahrungsgemäß für eine Tätigkeit? Dann kann diese Zeit dafür eingeplant werden und nicht mehr. Notwendig ist allerdings eine Pufferzeit für den Fall, daß etwas Unvorhergesehenes dazwischenkommt. Für kurz- und mittelfristige Planung wird empfohlen, ein Zeitplanbuch zu benützen. Solche gibt es in großer Auswahl. Wer Zeitplanbücher nicht mag, kann natürlich auch ein individuelles System entwickeln. Beispielsweise Checklisten: kurzfristige Arbeiten, längerfristige Arbeiten, Zeit für private Treffen, Telefongespräche, Termine usw. Oder man kann eines der handlichen Computer-Note-Books benützen. Empfehlenswert ist es, den Zeitplan zusammenhängend zu notieren, nicht auf verschiedenen kleinen Zetteln, von denen leicht einer verlorengehen kann, und auch nicht auf verschiedenen Computerdisketten.

Für Rosmarie und Paul ist bei der Lebensanalyse klargeworden, daß trotz ihrer Leidenschaft Paul seine Ehe und seine Familie auch zeitlich nicht vernachlässigen will. Sie haben das Zeitproblem folgendermaßen gelöst: Paul weiß, daß seine Frau jeden Donnerstagabend einen Weiterbildungskurs besucht. Er selbst trifft sich regelmäßig am Dienstag mit seinen Kollegen zum Kegeln. So kann er sich also abwechselnd am Dienstag oder Donnerstag für Rosmarie freimachen. Er verzichtet zugunsten von Rosmarie gern auf den Kegelabend, obwohl er natürlich nicht jedesmal wegbleiben möchte. Andererseits kann er sie auch gelegentlich am Donnerstagabend besuchen. Die Kinder sind selbständig genug, um hie und da einen Abend allein zu Hause zu sein, und finden es sogar amüsant. Allerdings will Paul noch nicht, daß das jede Woche so ist. Zusätzlich rechnet Paul damit, daß es auch zwischendurch Gelegenheiten zu einem Treffen mit Rosmarie gibt, vielleicht auch mal eine Geschäftsreise, die sie gemeinsam unternehmen können.

Wie wirken sich Beziehungen aufeinander aus?

Die Beispiele im ersten und zweiten Kapitel haben gezeigt, daß sich neue Beziehungen durchaus positiv auf bestehende auswirken können. Glückliche Liebesbeziehungen bedeuten immer eine Zufuhr von Energie. Werner Siegert schreibt: »Je nach der Intensität der Beziehung baut sich ein essentielles Energiesystem auf ... ›Der Soundso wirkt wie umgewandelt!‹ sagen Freunde und Kollegen.« Diese zusätzliche Energie kommt den bestehenden Beziehungen zugute. Allerdings kann auch ein Energieleck, wie bereits erwähnt, nicht nur der betreffenden Beziehung, sondern auch allen anderen Energie entziehen.

In unserem Beispiel wirkt sich die Beziehung zwischen Paul und Rosmarie positiv auf Pauls Ehe aus. Plötzlich entsteht auch zwischen Paul und Julia wieder Leidenschaft. Außerdem gibt Paul die geistige Anregung, die er von Rosmarie erhält, an Julia weiter. Sie führen lebhafte Diskussionen über verschiedene Themen. Julia bemerkt die Veränderung und sagt eines Tages zu Paul in humoristischem Ton: »Du bist so anders in letzter Zeit. Bist du etwa verliebt?« – »Und wenn ich's wäre, was würdest du sagen?« antwortet er. – »Nun«, meint sie doch etwas bestürzt, »wir haben uns ja gegenseitig das Recht auf eine Zweitbeziehung eingeräumt. Und wenn du weiterhin so guter Stimmung bist, kann ich nichts dagegen einwenden. Problematisch wird's höchstens, wenn sich eine andere Beziehung negativ auf uns auswirken würde.« Paul faßt sich ein Herz und erzählt Julia von der Beziehung zu Rosmarie. Er erzählt ihr auch von der Lebensanalyse und betont, daß sie und die Familie auf jeden Fall Priorität hätten. Julia hört ihn ruhig bis zum Ende an: »Ich habe immer gedacht, das würde eines Tages passieren. In letzter Zeit hatte ich eine Ahnung, habe diese aber immer wieder verdrängt, gerade weil du so guter Stimmung warst. Ich hatte mir immer vorgestellt, eine neue Beziehung würde sich eher negativ auf unsere Ehe auswirken. Nun bin ich froh, daß das Gegenteil

150

der Fall ist.« – »Und trotz deiner negativen Vorstellungen bist du auf diese Verabredung eingegangen?« – »Ja, weil ich realistisch sein wollte und eine Zweitbeziehung sicher besser ist als eine Scheidung. Nun ist es ja auch wirklich so. Und wie geht's jetzt weiter? Wieviel Zeit willst du mit Rosmarie verbringen?« Paul erklärt ihr, wie er die Beziehung bisher gestaltet hat. »So diskret, daß ich so lange nichts merkte«, meint Julia, »das weiß ich zu schätzen. Trotzdem möchte ich Rosmarie gern kennenlernen.« – »Demnächst ist Betriebsfest, dann siehst du sie.« – »Und eines muß ich noch sagen«, betont Julia, »ich habe zwar nicht vor, eine zweite Beziehung zu suchen, nur weil du eine hast. Aber wenn es sich ergeben sollte, verlange ich dieselbe Freiheit.« – »Das ist doch wohl selbstverständlich«, antwortet Paul.

Für Rosmarie läßt sich die Situation nicht so einfach lösen. Rudolf strebt eine monogame Partnerschaft an. Er hat seit einiger Zeit einen Verdacht und ist eifersüchtig. Dies führt bei Rosmarie zu einem Energieverlust. Sie spricht deswegen bei nächster Gelegenheit mit Rudolf über ihre Beziehung zu Paul, jedoch ohne Namen zu nennen. Das ist gut, denn Rudolf reagiert mit einem Wutanfall. Nachdem er sich beruhigt hat, meint er niedergeschlagen: »Wir wollten doch heiraten, und jetzt läßt du dich mit einem anderen ein. Ich bin sehr enttäuscht.« – »Das verstehe ich ja«, meint Rosmarie, »aber ich habe immer gesagt, daß ich mir das noch überlegen muß. Außerdem habe ich dir auch nie Treue versprochen.« – »Nun ja, aber wir hatten eine Partnerschaft. Da setzte ich Treue als selbstverständlich voraus. Ich hatte Grund anzunehmen, daß du ebenso denkst.« – »Ich habe, ehrlich gesagt, zuwenig darüber nachgedacht«, muß Rosmarie zugeben. – »Und nun? Wie geht's jetzt weiter?« Rosmarie sagt ihm, daß sie die Entscheidung ihm überlasse. »Offensichtlich haben wir über Partnerschaft nicht die gleichen Ansichten. Vielleicht passen wir überhaupt nicht auf Dauer zusammen. Ich hatte immer so ein Gefühl, ohne rationale Begründung, aber es hat mich davor zurückgehalten, dich zu heiraten. Vielleicht ist das gut. Ich bin zu dem Schluß gekommen, daß Freiheit zu anderen Beziehungen notwendig ist. Aber das gilt natürlich auch für dich. Wenn du eine neue Partnerin findest, die gleich denkt wie du, dann will ich dich nicht halten.« – »Also, im Klartext, du willst Schluß machen.« – »Das habe ich nicht gesagt. Wir können, wenn du willst, unsere Beziehung weiterführen und alles der Zeit überlassen. Aber wenn du Schluß machen willst, akzeptiere ich das.« – »Vielleicht wäre das das beste. Aber so von einem Tag auf den anderen kann und will ich das nicht entscheiden. Aber ich will eines Tages heiraten und eine Familie gründen. Und du mußt dir darüber klar sein, daß dein neuer Freund dich nie heiraten wird.« – »Das erwarte ich auch nicht«, antwortet Rosmarie. »Ich bin auch nicht sicher, ob ich überhaupt heiraten möchte. Jedenfalls möchte ich jetzt erst einmal beruflichen Erfolg haben. Alles andere findet sich mit der Zeit. Ich lasse mir vorläufig alle Möglichkeiten offen.« Rudolf akzeptiert diesen Standpunkt. Er trifft sich aber in der nächsten Zeit seltener mit Rosmarie und nur auf kameradschaftlicher Basis. Rosmarie ist so ausgefüllt von ihrer Leidenschaft zu Paul, daß sie das leicht akzeptieren kann. Sie ist überzeugt, daß Rudolf sicher eine andere Partnerin finden wird.

Wie offiziell darf eine Beziehung sein?

Nicht in allen Fällen ist es möglich, mit den bisherigen Partnern so offen über andere Beziehungen zu sprechen. Vorsicht ist vor allem dann geboten, wenn der eine Partner eine monogame Beziehung anstrebt und/oder zu Eifersucht neigt. In solchen Fällen ist Diskretion zu empfehlen. Man kann sich auf den Standpunkt stellen: Intime Beziehungen zwischen zwei Menschen gehen niemanden sonst etwas an. Schweigen und Versteckspiel können als unehrlich empfunden werden, doch fördert das Ideal der monogamen Partnerschaft leider solche Heimlichkeit.

Falls man mit dem Partner offen reden will, obwohl er sich eine monogame Beziehung wünscht, sollte man zuerst eine Grundsatzdiskussion führen. Es kann schockierend wirken, wenn der Partner ohne Vorbereitung mit der Wahrheit konfrontiert wird. Meistens schafft es nur unnötige Probleme. Wenn jemand auf einer monogamen Partnerschaft besteht, ist es häufig schwer, ihn von den Vorzügen der Freiheit zu überzeugen.

Besonders vorteilhaft ist es natürlich, wenn in einer Partnerschaft frei über Beziehungen geredet wird, was als Vertrauens- und Liebesbeweis bewertet werden kann. »Wir können über alles miteinander reden, wir brauchen nichts voreinander zu verbergen, schon gar nicht so etwas Wichtiges wie Liebesbeziehungen. Unsere Beziehung ist so fest, daß sie nicht von außen gestört werden kann.« Diese Haltung ist Zeichen einer großen Liebe. Mit wem sollte man denn über andere Beziehungen sprechen, wenn nicht mit dem Lebenspartner, mit dem man vieles teilt und dem man auch sonst alles anvertraut?

Auch wenn man mit dem Partner völlig offen sein kann, ist

dennoch Takt angebracht. Absolut zu vermeiden sind Vergleiche, bei denen einer der Partner schlecht wegkommt! Außerdem müssen auch nicht Einzelheiten ausgeschmückt werden. Es kommt hie und da vor, daß ein Partner nach Details fragt und Vergleiche herauszufordern versucht. Dann gibt man am besten eine ausweichende Antwort oder sagt ganz offen, daß man darüber nicht reden will. Ob man Namen nennen kann, hängt von der Situation ab. Wenn jemand Diskretion wünscht, dann sollte dies respektiert werden. Es kommt auch vor, daß der eine Partner Diskretion wünscht und der andere möglichst alles wissen will. Dann muß klargestellt werden, daß der Wunsch nach Diskretion respektiert wird. Wenn es Probleme in einer Partnerschaft gibt, kann man durchaus mit einem anderen Partner darüber reden. Häufig wird dieser das sowieso bemerken. Vielleicht kann er sogar Hilfe geben oder einen guten Rat. Probleme müssen jedoch immer innerhalb der Partnerschaft gelöst werden, die sie verursacht, und das möglichst in absehbarer Zeit!

Manchmal wird sich der Mittelweg zwischen den beiden Extremen ergeben, wie bei Paul und Julia: Andere Partnerschaften werden nicht verheimlicht, aber es wird doch eine gewisse Diskretion erwartet. Eine andere Möglichkeit ist, daß eine offene Beziehung geführt wird mit stillschweigendem gegenseitigem Einverständnis. Darüber wird womöglich gar nie gesprochen, vielleicht wird es sogar abgestritten, daß man sich gegenseitig Freiheit zu anderen Beziehungen zugesteht. Aber im Ernstfall werden diese toleriert! Sie führen jedenfalls nicht zu Komplikationen. Die praktische Toleranz, nicht die Theorie, ist in solchen Beziehungen maßgebend und führt dazu, daß eine Partnerschaft lange besteht, die gescheitert wäre, wenn man auf Monogamie bestanden oder viel diskutiert hätte.

154

Wie gestaltet sich die Beziehung der Partner zueinander?

Paul geht mit Julia zum Betriebsfest. Rosmarie ist natürlich auch da, in Begleitung von Rudolf. Paul stellt sie Julia vor. Julia versteht sich auf Anhieb sehr gut mit Rosmarie, und auch Rudolf ist ihr sympathisch, was auf Gegenseitigkeit beruht. Hingegen ist Rudolf reserviert gegenüber Paul. Er hat Aggressionen gegen ihn, zeigt diese aber nicht. Er versucht sogar, objektiv zu urteilen. Dabei muß er sich eingestehen, daß Paul ein sympathischer und für Frauen attraktiver Mann ist. Er versucht, mit ihm ein Gespräch zu führen, und sie entdecken berufliche Berührungspunkte.

Die erste Begegnung findet wie bei Paul und Rosmarie am besten in offizieller Atmosphäre statt. Feste sind sehr geeignet, überhaupt jede Art von gesellschaftlichen Anlässen, z. B. kulturelle oder sportliche Veranstaltungen. Man ist angeregt, hat Gesprächsthemen, aber die Situation ist doch nicht intim. Eine gewisse Objektivität ist gewährleistet. Auf jeden Fall ist jeder gezwungen, Haltung zu bewahren. Außerdem sind andere Personen da, die Ausweichmöglichkeiten bieten. Vorsicht ist hingegen geboten bei geschäftlichen Veranstaltungen, wie Besprechungen, Tagungen oder Seminaren. Diese sind wenig geeignet, um zwei Partner miteinander bekannt zu machen, vor allem nicht, wenn Spannungen denkbar wären. Und das kann manchmal sogar dann passieren, wenn beide Partner im Prinzip einander oder die polygame Lebensform akzeptieren. Es kann sein, daß sie ganz einfach sehr unterschiedliche oder sogar unvereinbare Charaktere haben. Deshalb können folgende Faustregeln gelten: Je größer die Gesellschaft, desto mehr können allfällige Spannungen neutralisiert werden. Die Veranstaltung sollte möglichst offiziell sein, aber besser privat als geschäftlich. Wenn es nicht möglich ist, zwei Partner bei einer Veranstaltung miteinander bekannt zu machen, trifft man sich besser in einem öffentlichen Lokal als in einer Privatwohnung.

Das Betriebsfest ist harmonisch gelaufen. Am Schluß meint Julia, Rosmarie und Rudolf sollten Paul und sie einmal zum Abendessen besuchen, »damit man in Ruhe diskutieren kann«. Dieses Essen findet statt. Zuerst ist die Stimmung etwas steif, aber dann ergeben sich rasch lebhafte Diskussionen. Es wird auch getrunken, und alle werden immer fröhlicher. Rudolf flirtet heftig mit Julia. Einerseits gefällt sie ihm, andererseits ist er immer noch etwas aggressiv und trotzig gegenüber Paul: »Wie du mir, so ich dir.« Dies gesteht er sich allerdings selbst nicht ein. Plötzlich entsteht bei allen eine sehr starke erotische Spannung. Was nun? Soll man sich auf das einlassen, was man im Volksmund einen »flotten Vierer« nennt, oder lieber nicht? Im Zweifelsfall nein! Ein solcher besteht dann, wenn nicht alle Beteiligten restlos überzeugt sind, daß sie das wirklich wollen, also:

- wenn einer der Beteiligten im Prinzip Monogamie anstrebt (wie in unserem Fall Rudolf);
- wenn einer der Beteiligten Aggressionen haben könnte (wie Rudolf gegen Paul, allenfalls auch Julia und Rosmarie);
- wenn die Beteiligten nie prinzipiell über solche Situationen nachgedacht haben (wie in unserem Fall alle Beteiligten);
- wenn es eine spontane Handlung unter Alkoholeinfluß wäre (wie in unserem Fall bei allen Beteiligten);

156

- wenn keine geistige Beziehung unter den Beteiligten möglich ist (ein besonders wichtiger Grund, der hier allerdings nicht vorliegt).

In unserem Fall besteht also hohe Alarmstufe. Das Abenteuer könnte zumindest in einem großen Katzenjammer enden, wenn nicht noch schlimmer. Womöglich könnten sogar Beziehungen zerstört werden. Paul und Rosmarie erkennen die Gefahr. Rosmarie drängt Rudolf zum Aufbruch. Paul unterstützt sie unauffällig. Julia ist auch erleichtert. Auch sie hat die Gefahr gespürt. Auf der Straße beginnt Rudolf Streit mit Rosmarie: »Du schläfst mit Paul, aber wenn ich mit Julia flirte, bist du eifersüchtig, und Paul auch. Das hab' ich schon gemerkt. Ihr habt eine ganz schöne Doppelmoral.« – »Ich bin nicht eifersüchtig, und Paul auch nicht. Wir hätten nichts dagegen, wenn du mit Julia schläfst. Aber bitte unter vier Augen und in nüchternem Zustand. Wenn wir geblieben wären, hättest du nachher den größten Katzenjammer.« Rudolf überlegt und schweigt.

Am nächsten Tag besucht er Rosmarie. Er will grundsätzlich über ihre Beziehung sprechen. »Ich habe nachgedacht über Freiheit in einer Beziehung«, sagt er. »Ich bin zwar immer noch der Meinung, daß eine monogame Partnerschaft das Richtige ist, jedenfalls für mich. Aber ich habe gelernt, daß sich das nicht erzwingen läßt. Ich möchte immer noch heiraten und eine Familie gründen. Deswegen finde ich, es ist das beste, wir trennen uns.« Rosmarie ist einverstanden. Sie fragt Rudolf, ob er eine andere Frau kennengelernt hat. »Ja, es gibt eine Frau, mit der es vielleicht klappen könnte. Aber ich will es langsam angehen lassen. So sehr eilt es mir nun auch wieder nicht.« – »Dann wünsche ich dir viel Glück«, sagt Rosmarie und meint es ehrlich. Sie ist über die Trennung von Rudolf erleichtert. Es erspart ihr, ihm einen weiteren Korb zu geben. Die unentschiedene Situation hat im Grunde beide belastet. Hier führt eine neue Beziehung zwar zu einer Trennung. Es wird aber eine Partnerschaft beendet, die im Grunde für beide Teile auf Dauer nicht befriedigend war. Deswegen hat die Trennung positive Auswirkungen. Rudolf kann sich innerlich frei machen für die Ehe, die sein Ziel ist. Rosmarie kann unbelastet die Beziehung mit Paul erleben und neue Lebens- und Liebesmöglichkeiten entdecken.

Wie sag' ich's meinem Kinde, meinen Eltern und der übrigen Verwandtschaft und Bekanntschaft?

Die Beziehung zwischen Paul und Rosmarie besteht nun schon ein Jahr und wird immer enger. Inzwischen sind auch Julia und Rosmarie miteinander befreundet. Oft gehen sie zu dritt irgendwohin, was natürlich nicht verborgen bleibt. Zuerst merken es die beiden älteren Kinder. Rosmarie kommt zwar gut aus mit den Kindern, trotzdem ist der ältere Junge eifersüchtig und hat Angst. Das Mädchen ist eher neugierig. Das jüngste Kind hat die Situation noch nicht bewußt realisiert. Die beiden älteren Kinder aber sprechen mit Julia: »Papi hat doch was mit Tante Rosmarie? Laßt ihr euch jetzt scheiden? Das wollen wir nicht!« – »Wir haben nie daran gedacht, uns scheiden zu lassen. Dazu lieben wir uns viel zu sehr, und außerdem lieben wir euch. Wir würden euch doch nicht verlassen.« – »Dann verstehen wir aber nicht, warum Papi mit der Rosmarie

158

schläft. Die Lehrerin sagt, man könnte nur einen auf diese Art lieben. Schläft der Papi mit dir denn nicht mehr?« – »Doch, natürlich tut er das. Man kann auch auf diese Art mehrere Menschen lieben. Es ist nicht in jedem Fall so, wie eure Lehrerin sagt. Viele Leute haben zwar die gleiche Ansicht wie sie, aber wir sind anderer Meinung. Lehrer haben auch nicht immer recht.« – »Liebst du denn auch einen anderen?« – »Im Moment nicht.« – »Wird das später einmal passieren?« – »Vielleicht, das weiß ich aber nicht. Jedenfalls bleibt unsere Familie zusammen, das müßt ihr wissen, was immer passiert.«

Nur mit einem einzigen Gespräch ist es sicher nicht getan. Paul und Julia werden noch viele Diskussionen mit ihren Kindern führen müssen. Dabei sind folgende Punkte zu beachten:

- Kinder spüren, wenn man sie belügt oder ihnen etwas vormacht. Ehrlichkeit ist also notwendig. Auch heikle Themen können mit den Kindern besprochen werden, auf kindgerechte Art.
- Die Kinder müssen wissen, daß sie nicht wegen anderer Beziehungen von den Eltern oder einem Elternteil im Stich gelassen werden. Um ihnen dieses Gefühl zu vermitteln, genügen Worte nicht. Entsprechende Handlungen machen mehr Eindruck. Wenn Kinder erleben, daß Außenbeziehungen der Ehe ihrer Eltern nicht schaden, wirkt das mehr als Beteuerungen – auch mehr als Treueschwüre in einer Ehe, die wegen einer Zweitbeziehung in die Brüche gehen könnte.
- Wenn eine Beziehung vor dem Partner verborgen bleiben muß, sollten auch die Kinder nichts davon merken. Das bedeutet doppelte Vorsicht, denn Kinder spüren oft eher als der Partner, wenn man etwas zu verbergen hat.

- Außenbeziehungen bieten die Möglichkeit, die Kinder zu Toleranz zu erziehen. Auch diesbezüglich hat das Vorbild der Eltern die beste Wirkung. Toleranz in bezug auf Sexualität fördert auch die Toleranz in anderen Bereichen, z. B. in bezug auf Randgruppen und Ausländer. Die Kinder lernen am Beispiel ihrer Eltern, mit negativen Gefühlen, wie z. B. Eifersucht, umzugehen.
- Eltern können und müssen von ihren Kindern erwarten, daß diese ihren Lebensstil respektieren! Dies gilt natürlich auch dann, wenn die Kinder anderer Meinung sind. Heute besteht die Tendenz, immer nur das Umgekehrte zu fordern. Die Eltern lassen ihren Kindern alle möglichen Freiheiten, aber nicht umgekehrt. So weit sind wir schon, und so geht es nicht. Diese sogenannte »partnerschaftliche« oder »antiautoritäre Erziehung«, die in Wirklichkeit keine Erziehung ist, fördert unhaltbare Zustände. Toleranz und Respekt vor dem anderen, das gilt für alle Familienmitglieder. Dies ist ein Fundament der Erziehung.

Auch die anderen Familienmitglieder haben inzwischen von der Beziehung zwischen Paul und Rosmarie erfahren. Besonders empört reagierten die Mütter von Paul und Julia. Die Väter waren am Anfang auch erstaunt, und Julias Vater sogar zornig. Aber sie beruhigten sich schnell, nachdem sie sahen, daß Pauls Verhältnis zu Rosmarie der Ehe nicht schadet. Sie nehmen es inzwischen von der humoristischen Seite, doch die Mütter sind immer noch dagegen. »Wie kannst du dir das nur gefallen lassen?« fragt Julias Mutter. »Tu was, wehr dich, du unterstützt es ja mit deiner Toleranz«, sagt sie. »Am Ende wirst du Paul noch verlieren. Aber dann mußt du dich nicht wundern.« – »Ich verliere ihn eher, wenn ich seine Beziehung zu Rosmarie bekämpfe. Außerdem hatten wir von Anfang an ein Abkommen, eine andere Beziehung zu tolerieren. Ich habe dieselbe Freiheit.« – »So, so, das möchte ich ja noch sehen, wie Paul reagiert, wenn du einen anderen hättest. Dann macht er sicher Krach. So sind die Männer nun mal. Sich selbst alle Freiheiten herausnehmen, das können sie.« – »Ich glaube, daß Paul zu mir ebenso tolerant ist, wie ich zu ihm.« – »Du bist ja ganz schön naiv. Aber das sehe ich nicht mehr länger mit an. Ich werde ihm den Kopf zurechtsetzen und dieser Rosmarie auch!« – »Und ich muß dir energisch sagen: Bitte laß das! Du würdest etwas Schlimmes anrichten. Außerdem bin ich mit Rosmarie befreundet.« – »Was? Das ist ja die Höhe! Also bei dir hat sie sich auch eingeschmeichelt, das gemeine Biest. Der werd' ich's zeigen. Und du bist so blöd und fällst voll darauf herein.« – »Ich muß dich bitten, Mutter, jede Einmischung in unser Leben zu lassen. Wir sind alle erwachsen und können selbst über unser Leben entscheiden! Außerdem will ich nicht, daß du weiter so beleidigend von Paul und Rosmarie sprichst.« – »Also wie du meinst. Aber ich hab' dich gewarnt. Du wirst schon noch sehen, was daraus entsteht. Du mußt dann aber ja nicht zu mir kommen und jammern.« – »Das habe ich auch nicht vor.«

Gegenüber Eltern und anderen Familienmitgliedern kann man einen ähnlichen Standpunkt einnehmen wie gegenüber den Kindern. Erwachsene Menschen können von ihren Eltern und Verwandten erwarten, daß diese ihren Lebensstil tolerieren, auch wenn sie nicht gleicher Meinung sind. Sie können höflich, aber bestimmt verlangen, daß niemand durch Worte oder Taten in ihr Leben eingreift. Andererseits sollten auch Eltern die Gewißheit bekommen, daß sie nicht wegen irgendwelcher Beziehungen im Stich gelassen werden: »Ich lebe mein Leben, und du auch, aber wenn es darauf ankommt, halten wir zusammen. Daran soll uns keine andere Beziehung hindern.«

Wie lassen sich private Beziehungen mit dem Beruf vereinbaren?

Natürlich ist das Verhältnis zwischen Rosmarie und Paul auch in der Firma nicht verborgen geblieben. Es wurde ja schon gemunkelt, bevor es überhaupt begonnen hatte. Inzwischen wird ordentlich geklatscht über die »Ehe zu dritt«. Auch einigen Kunden ist der Klatsch zu Ohren gekommen, natürlich aufgebauscht, wie das bei Gerüchten normal ist.

Dem Chef, der ziemlich konventionell denkt, gefällt das alles gar nicht. Er schätzt Paul und Rosmarie als gute Mitarbeiter. Trotzdem ist er dagegen, daß Paul mit einer Untergebenen und Rosmarie mit einem Vorgesetzten ein Verhältnis hat. So zitiert er Paul zu einem Gespräch. Zu Paul sagt er: »Ich schätze Sie als guten Mitarbeiter, aber ihr Verhältnis zu Rosmarie S. mißfällt mir. Erstens ist sie Ihre Untergebene, und zweitens sind Sie ja verheiratet. Wenn Ihre Ehe in Gefahr gerät, wird sich das auch negativ auf Ihre Arbeitsleistung auswirken.« Paul kann diese Vorwürfe widerlegen. »Ich habe Rosmarie S. nie als Untergebene betrachtet. Sie ist für mich immer eine ausgezeichnete Kollegin gewesen. Das kann ich ganz objektiv sagen, und Sie werden auch von anderer Seite dasselbe hören, wenn Sie mit den Herren R. und A. sprechen. Sie hat mir viel Anregung geboten. Unsere Arbeitsleistung ist durch unsere persönliche Beziehung keineswegs schlechter geworden. Sie wissen, daß unsere Abteilung im letzten Jahr die Umsätze verbessert hat. Dazu hat nachweislich auch die Zusammenarbeit zwischen mir und Rosmarie beigetragen.« – »Hm, ja, das stimmt«, muß der Chef einräumen. »Sie sind wirklich ein gutes Team. Aber trotzdem, diese Beziehung gefällt mir nicht.« – »Wenn ich die Beziehung zu Rosmarie abbrechen würde, könnte eine direkte Zusammenarbeit zu Problemen führen.« – »Ich erwarte aber«, meint der Chef, »daß Privatprobleme nicht zu einer schlechteren Leistung führen.« – »Das ist richtig, aber genau deswegen können wir als Mitarbeiter erwarten, daß Sie unser Privatleben respektieren. Wir sind alle erwachsen. Übrigens müssen Sie keine Bedenken wegen meiner Ehe haben, diese funktioniert trotz meiner Beziehung zu Rosmarie sehr gut.« – »Nun, da mögen Sie nicht ganz unrecht haben«, meint der Chef, »es ist im Prinzip wirklich Ihre Sache. Aber mich stört, daß die Kunden darüber reden. Neulich hat jemand eine deutliche Anspielung gemacht.« – »Soviel ich weiß, haben wir in letzter Zeit keine Kunden verloren.« – »Das ist richtig, die Leute scheinen komischerweise eher neugierig auf Sie zu sein.« – »Das beabsichtige ich zwar nicht, aber Neugier ist eine gute Motivation, um eine Sache kennenzulernen. Wenn es nötig sein sollte, wäre ich gern bereit, die Kunden über die Situation aufzuklären. Ich halte es aber für besser, zu schweigen. Das gibt den Gerüchten keine weitere Nahrung, und irgendwann werden sie im Sand verlaufen.« – »Ja, es passiert auch immer wieder etwas Neues. Gut, ich werde also Ihre Privatbeziehungen, wie sie sind, akzeptieren. Ich erwarte aber, daß Sie und Rosmarie sich so verhalten, daß das Geschäft nicht geschädigt wird.« – »Das liegt ja auch in unserem Interesse«, antwortet Paul. Dem Chef bleibt eigentlich gar nichts anderes übrig, als die Beziehung zwischen Paul und Rosmarie zu akzeptieren. Solange die Arbeitsleistung und die betriebliche Zusammenarbeit nicht durch ein Liebesverhältnis beeinträchtigt wird, gilt dieses als Privatsache, in die sich der Arbeitgeber nicht einzumischen hat.

Daß eine Beziehung die Arbeitsleistung und die Karriere beeinflussen kann, ist klar. Damit ist keineswegs gemeint, daß man Karriere macht, weil man mit einem Vorgesetzten schläft. Im Gegenteil, es ist nicht ratsam, eine intime Beziehung mit einem Chef oder einer Chefin hauptsächlich aus diesem Grund anzufangen. Hingegen kann eine Partnerschaft einen positiven Einfluß auf die Arbeitsleistung haben, weil man sich gegenseitig anregt und hilft, und nicht zuletzt, weil die Liebe eine Energiezufuhr bedeutet. Wenn es in einer Liebesbeziehung Probleme gibt, kann sich das allerdings ebenso negativ auf das Berufsleben auswirken, was auch für monogame Partnerschaften gilt. Die Beziehungsprobleme fressen Energie, die dem Berufsleben verlorengeht. So kann es passieren, daß einer nur noch mechanisch arbeitet, weil er sich bewußt oder unbewußt immer mit seinen Beziehungsproblemen beschäftigt. Eine andere Möglichkeit ist, daß jemand Probleme hat und diese direkt oder indirekt an seinem Partner abreagiert. Dann belasten die Probleme nicht nur den Betreffenden, sondern auch einen oder mehrere seiner Partner.

Das Verhältnis zwischen Rosmarie und Paul hat offensichtlich die Zusammenarbeit angeregt und gute Resultate gefördert. Nun erzählt Paul Rosmarie von seinem Gespräch mit dem Chef. Sie erschrickt: »Soll ich mir einen neuen Job suchen?« fragt sie. »Kommt gar nicht in Frage«, meint Paul, »ich will nicht, daß du meinetwegen etwas verlierst. Du hast schon die Beziehung zu Rudolf aufgegeben.« – »Worüber ich eigentlich froh bin. Das wäre auf die Dauer sowieso nichts Befriedigendes geworden. Du warst nur der äußere Anstoß.« – »Trotzdem, du willst doch Karriere machen, und ich kann dir dabei helfen.« – »Stimmt, darüber müssen wir reden. Ewig deine Assistentin bleiben will ich nämlich nicht. Was hab' ich denn für Karrierechancen in unserer Firma? Oder muß ich mir einen anderen Arbeitgeber suchen?« Paul bedauert, daß er Rosmarie als Assistentin verlieren wird, aber das zeigt er nicht. »Vielleicht läßt sich eine andere Form der Zusammenarbeit finden. Jedenfalls finden auch andere, daß du dich sehr bewährt hast. Der große Boß übrigens auch. Jedenfalls meine ich, daß wir den anderen zeigen sollen, wie positiv sich unsere Beziehung auf die Arbeit auswirkt, und zwar unabhängig davon, welche Stellungen wir haben.«

Rosmarie hat recht, wenn sie eine höhere Position anstrebt. Es kann auf Dauer negativ für die Beziehung und somit auch für die Arbeitsleistungen sein, wenn ein Partner beruflich zu abhängig von dem anderen ist. Wenn die Partner zusammenarbeiten, ist es von Vorteil, wenn sie etwa gleichgestellt sind. Kann der eine nicht eine gleich hohe Stellung erreichen, sollte diese unabhängig vom anderen sein. Rosmarie könnte also beispielsweise eine Assistentenstelle in einer anderen Abteilung oder in einem anderen Betrieb suchen. Auch wenn die Zusammenarbeit noch so gut ist, jeder der Partner muß sich auch eigene Ziele setzen. Diese schließen nicht aus, daß man auch gemeinsame hat. Wenn sich durch eine Partnerschaft eine berufliche Neuorientierung ergibt, ist eine Lebensanalyse sehr nützlich.

Paul und Rosmarie haben das Berufsproblem folgendermaßen gelöst: In einer Abteilung des Unternehmens, die aber eng mit Pauls Abteilung zusammenarbeitet, wurde eine Stelle frei, die Rosmarie sehr interessiert hat. Sie hat sich sofort beworben, und mit Erfolg. Sie war erstens die am besten qualifizierte Bewerberin. Das war der Hauptgrund für den Chef, ihr den Posten zu überlassen. Er war allerdings auch froh, daß sich so eine Lösung des Beziehungsproblems ergeben hat, ohne daß er gute Mitarbeiter verliert. So ist Rosmarie nicht mehr die Untergebene von Paul. Das Verhältnis ist, weil sie in verschiedenen Abteilungen arbeiten, für Außenstehende nicht mehr so leicht zu erkennen. Trotzdem ist eine gute Zusammenarbeit gewährleistet.

Probleme im Leben mit mehreren Partnern und wie man sie lösen kann

Wie das Leben mit mehreren Partnern nicht funktioniert

Walter und Maria sind seit acht Jahren verheiratet. Sie haben ziemlich jung geheiratet. Für Maria war Walter die erste ernsthafte Liebe. Inzwischen haben sie drei Kinder. Nach der Geburt des zweiten Kindes hat Maria ihre Teilzeitstelle aufgegeben. Walter arbeitet in einer größeren Firma und hat Aufstiegschancen. Allerdings hat er wenig Zeit für die Familie. Beruflich kommt er oft mit attraktiven Frauen zusammen. Mit der Zeit ist die Ehe nicht eigentlich schlecht, aber unbefriedigend geworden. Walter schlägt daher Maria vor, daß sie sich gegenseitig Freiheit zu anderen Beziehungen lassen sollen. Er habe, das gebe er ehrlich zu, ein Nachholbedürfnis, und er könne sich vorstellen, daß es ihr ähnlich gehe. Wenn sie beide andere sexuelle Beziehungen eingingen, könne dies belebend auf die Ehe wirken. Außerdem finde er es ehrlicher, darüber offen zu reden, als einander heimlich zu betrügen. Maria reagiert mit gemischten Gefühlen auf den Vorschlag. Einerseits hat auch sie manchmal das Gefühl, etwas verpaßt zu haben, und die Aussicht auf mehr Freiheit lockt sie. Andererseits würde sie es vorziehen, wenn Walter mehr Zeit für sie und für gemeinsame Unternehmen hätte. Sein Vorschlag erweckt unbestimmte Ängste, die sie kaum in Worte fassen kann. Deswegen verschweigt sie diese und stimmt Walters Vorschlag ohne großen Kommentar zu. Er ist begeistert, macht ihr Komplimente über ihre Toleranz, und die beiden verbringen seit langer Zeit den ersten anregenden Abend zusammen. Die Ehe erhält tatsächlich für kurze Zeit einen Auftrieb. Allerdings diskutieren Walter und Maria nicht darüber, wie sie sich die gegenseitige Freiheit konkret vorstellen.

Bald gibt es die ersten Probleme. Walter findet natürlich leicht Partnerinnen. Bald hat er zwei außereheliche Beziehungen. Maria hingegen kommt als Hausfrau kaum mit Männern zusammen. Sie hat keinen weiteren Partner gefunden. Zusätzlich fühlt sie sich von Walter vernachlässigt. Eines Abends, als er sie allein lassen will, um eine seiner Freundinnen zu besuchen, kommt es zum ersten Streit: »Immer läßt du mich allein«, sagt sie. »Deine Freundinnen sind dir wichtiger als ich.« Er versucht, sie zu beschwichtigen. Als Ehefrau sei sie ihm wichtiger als die anderen. Außerdem habe sie doch dieselbe Freiheit. Sie sei doch einverstanden gewesen mit der Abmachung. »Was nützt mir die Freiheit?« antwortet sie. »Wie soll ich denn Männer kennenlernen? Außerdem muß ich immer zu Hause sitzen und die Kinder hüten, während du dir ein schönes Leben machst. Und wenn wir ausgehen, sind wir meistens unter Ehepaaren.« Walter überlegt und sieht ein, daß sie recht hat. »Das ließe sich ja ändern«, meint er. »Ich habe einige unverheiratete Freunde und Kollegen. Einige von ihnen kennst du ja auch. Sie sagen, daß du eine tolle Frau bist. Wir können ja in nächster Zeit eine Party geben. Ich kann eine Andeutung machen, daß wir ein tolerantes Ehepaar sind. So wirst du bestimmt bald Partner finden.«

Die Party findet statt. Walter hat tatsächlich seine alleinstehenden Kollegen möglichst ohne deren Freundinnen eingeladen. Dem einen oder anderen hat er von der Vereinbarung mit seiner Frau erzählt. »Ich bin ja kein Macho«, sagte er, »der sich amüsiert, während seine Frau allein zu Hause sitzt.« Die Kollegen verstehen den Wink mit dem Zaunpfahl. Die Party wird lebhaft. Walters Kollegen umwerben Maria. Diese fühlt sich glücklich und begehrenswert. Ihre Wahl fällt auf Andreas, mit dem sie in der nächsten Zeit ein Verhältnis hat. Allerdings bleibt dieses oberflächlich und dauert nur kurze Zeit. Doch Maria hat Blut geleckt. Sie hat das Gefühl, wegen der frühen Heirat ihre Jugend verpaßt zu haben, und arrangiert weitere Partys, die ihr die Kontakte zu Walters Bekannten ermöglichen. Unter ihnen findet sie weitere Liebhaber, einen nach dem anderen, zeitweise auch mehrere gleichzeitig. Aber keine dieser Beziehungen geht tiefer. Sie beruhen hauptsächlich auf sexueller Anziehung, im besten Falle auf Verliebtheit. Im Grunde aber sind sie frustrierend.

Um so mehr sucht Maria nach Erfüllung. Als ihr Walters Bekannte nicht mehr genügen, setzt sie eine Anzeige in die Zeitung mit dem Text: »Hausfrau, in toleranter Ehe lebend, sucht Partner für schöne Stunden.« Walter weiß nichts davon. Seine außerehelichen Beziehungen sind befriedigender als die Marias. Eine davon ist tiefgehend und dauerhaft. Walter ist es nicht mehr geheuer, was seine Frau treibt. Außerdem beunruhigt es ihn, daß im Bekanntenkreis und sogar in seiner Firma über seine Ehe geklatscht wird. Dabei wird über Maria schlechter geredet als über ihn, vor allem von Frauen. Walter wagt es aber nicht, mit Maria darüber zu diskutieren und ihr seine Bedenken mitzuteilen. Schließlich hat er ihr ja die gegenseitige Freiheit vorgeschlagen.

Durch die Anzeige lernt Maria Jean kennen. Sie wundert sich, daß ein so toller Typ auf Anzeigen antwortet. Sie entwickelt heftige Gefühle für ihn. Es kommt ihr so vor, als wäre sie nie im Leben so verliebt gewesen, auch nicht in Walter. Bald ist sie Jean sehr verfallen. Er schwört ihr Liebe, und sie vertraut ihm blind. Was sie dabei nicht realisiert: Jean ist ein typischer Swinging Single. Für ihn sind Inserate nur eine von vielen Möglichkeiten, Kontakte zu finden. Nachdem er Marias Inserat gelesen hatte, nahm er von ihr dasselbe an. Er bemerkt zwar bald, daß Maria im Grunde ziemlich unerfahren ist. Aber er denkt: »Wenn ich sie mal in einen Swinger-Club mitnehme, wird ihr das schon gefallen.«

Eines Abends führt er sie in einen Kontakt-Club. Maria ist entsetzt, als sie sieht, wohin sie geraten ist. Sie denkt nur eins: »So rasch wie möglich weg von hier.« Sie macht Jean eine Szene: »Wie kannst du mich nur an einen solchen Ort führen! Wofür hältst du mich eigentlich?« Jean reagiert cool: »Was willst du eigentlich? Ich dachte, es könnte dir hier gefallen. Sind alles nette Leute, einige davon kenne ich gut.« – »Du findest sie vielleicht nett. Aber trotzdem«, meint Maria, »auf keinen Fall gebe ich mich zu so etwas her. Ich gehe jetzt und will dich nicht mehr wiedersehen.« Bevor Jean noch etwas erwidern kann, ist sie schon weg.

Verzweifelt fährt sie nach Hause. Dort hat ihr Mann auf sie gewartet und sich bereits Sorgen gemacht. Als sie ankommt, reißen ihm die Nerven. Es kommt zu einem großen Streit. Obwohl das Gespräch hitzig geführt wird, erzählt Maria bruchstückweise, was passiert ist. »Das hab' ich ja erwartet«, ruft Walter empört. »Ich wußte immer, daß dieser Jean ein Playboy ist. Aber du in deiner blinden Verliebtheit hast das ja nicht bemerkt. Außerdem hast du dich in der letzten Zeit gewaltig kompromittiert, dich und mich. Was meinst du, was die Leute reden, unsere Bekannten und die Kollegen in der Firma.« – »Das war deine

170

Idee«, schreit sie empört. »Du hast mich, statt dich selbst um mich zu kümmern, deinen Kollegen präsentiert. Du warst so indiskret, den Leuten zu sagen, daß wir in offener Ehe leben. Und das nur, damit du dich bequemer ausleben kannst. Was ich empfunden habe, war dir egal. Keine meiner Beziehungen war befriedigend, außer der zu Jean. Und ausgerechnet der erniedrigt mich so ...«

Walter und Maria schweigen. Maria weint, Walter ist trotzig. Maria packt im Morgengrauen die Koffer und fährt mit dem frühesten Zug zu ihren Eltern. Ihnen erzählt sie nur von einem schlimmen Ehestreit. Über ihre Erlebnisse kann sie nicht reden. Aber trotzdem fühlt sie sich geborgen. Sie nimmt sogar einen Aushilfsjob an. Dort lernt sie Karl kennen und verliebt sich in ihn. Die Liebe ist gegenseitig. Diesmal erscheint es ernsthaft und tiefgehend. Erst da wird ihr wirklich bewußt, was in letzter Zeit geschehen ist. »Wenn Karl von meiner Vergangenheit erfährt«, denkt sie, »läßt er mich fallen.« Mit Schrecken denkt sie an die Aids-Gefahr. Nicht immer hat sie sich geschützt. Sie macht einen Test. Dieser ist negativ. Natürlich ist sie erleichtert, aber ihre Stimmung wird nicht besser. Sie fühlt sich beschmutzt und erniedrigt. »Wie konnte ich mich nur so gehenlassen?« fragt sie sich.

Auf diese Weise funktioniert das Leben mit mehreren Partnern also nicht. Walter und Maria mögen positive Absichten gehabt haben, diese bleiben aber verschwommen. Es fehlt ihnen an klaren Vorstellungen von der Lebensform, die sie anstreben. Dies ist einer der Hauptgründe dafür, daß ihr Leben außer Kontrolle gerät. Für die Konflikte gibt es auch noch andere Ursachen.

Walter und Maria haben kein Konzept, wie ihr Leben in Freiheit konkret aussehen soll. Noch weniger haben sie eine Weltanschauung entwickelt, mit der sie ihren Lebensstil begründen könnten. Hinter ihrem freiheitlichen Leben steht keine Überzeugung. Deswegen kann es weder für sie noch für andere überzeugend wirken. Statt dessen haben sie sich unrealistische Ziele gesetzt. Was Walter erreicht hat (seine außerehelichen Beziehungen), will Maria unbedingt auch bekommen, und zwar möglichst rasch. Walter möchte bewußt oder unbewußt sein schlechtes Gewissen beruhigen. Er will vor sich selbst und seinen Freunden nicht als »Macho« dastehen. Das bedeutet, er fügt sich einer vorgegebenen Vorstellung von Gleichberechtigung der Geschlechter. Er will gleiches Verhalten wenn nötig durch künstliche Manöver herbeiführen. Maria ihrerseits fühlt sich benachteiligt und möchte das begreiflicherweise ändern. Aber statt selbst zu handeln, verläßt sie sich auf andere. Sie erwartet von ihrem Mann, daß er ihr Kontakte verschafft. Schließlich ist er es ja gewesen, der die freie Beziehung wünschte. Also ist er in Marias Augen auch dafür verantwortlich, daß es funktioniert. Walter und Maria wollen etwas erzwingen, das sich entwickeln muß. Walter will ein Gleichgewicht schaffen. Aber ein künstliches Gleichgewicht ist instabil.

Bei der Suche nach Kontakten machen beide entscheidende Fehler. Walter erzählt seinen Freunden von seiner offenen Ehe, und zwar so, daß er ihnen seine Frau direkt oder indirekt anbietet. Dies ist eine Indiskretion. Außerdem wird Maria so in ihrer Entscheidungsfreiheit eingeschränkt. Walters Freunde stehen ihr mit eindeutigen Erwartungen gegenüber. Sie fühlt bewußt oder unbewußt einen gewissen Zwang, diesen zu entsprechen. Es spricht natürlich nichts dagegen, daß Maria Partner im Freundeskreis ihres Mannes findet. Ein Gespräch über ihre Ehe ist

172

aber erst dann notwendig, wenn sich eine Beziehung entwickelt hat.

Walter und Maria sind relativ unerfahren. Sie haben jung geheiratet. Nachdem ihre Ehe ihre Vorstellungen nicht mehr erfüllte, haben beide das Gefühl, etwas verpaßt zu haben. Sie wollen ihre Jugend nachholen. Dies machen sie aber nicht gemeinsam (obwohl Maria sich das wünschte), sondern jeder für sich. Sie trennen sich innerlich. Dies bedeutet, daß sie den Halt verlieren, den sie aneinander hatten. Einen neuen Halt hat aber höchstens Walter in seiner Arbeit und allenfalls seinen neuen Partnerschaften. Er ist offensichtlich älter und erfahrener als Maria und kann deswegen mit der Freiheit besser umgehen. Maria aber muß das lernen. Dazu würde sie einen überlegenen Partner brauchen. Die Partner aber, die sie findet, sind alles andere als überlegen. Sonst würden sie sich zu diesem Spiel überhaupt nicht hergeben. Falls es doch zu einem Verhältnis mit Maria käme, würde dem eine längere Bekanntschaft vorhergehen. Die Beziehungen, die Maria hat, sind bezeichnenderweise alle oberflächlich und kurz. Maria sucht aber gefühlsmäßige und geistige Bindungen, deswegen wechselt sie die Partner und hofft bei jedem das zu finden, was sie inzwischen auch in der Ehe entbehrt. Infolgedessen wird sie immer gieriger und bis zur Verantwortungslosigkeit undiszipliniert. Ihr Verhalten zeigt bereits Suchtcharakter. So ist es kein Wunder, daß sie Jean verfällt, der Erfahrung genug hat, um zu wissen, wie man Frauen behandelt. Im Grunde war Maria trotz ihrer Affären immer noch unerfahren, als sie Jean begegnete. Ihr Verhalten ist auch Folge einer gewissen Naivität. Jean weiß das und will ihr, wie er dachte, »zeigen, wie man amüsant lebt«. Jeans Verhalten ist nicht so selten. Inserate als Kontaktanlaufstelle für »tolerante

Paare« oder Swinger-Clubs sind in den siebziger Jahren ziemlich populär geworden, und es gibt sie noch heute, trotz Aids. Allerdings ist es nicht ratsam, sich darauf einzulassen. Tiefere Kontakte entstehen kaum, weil die Erwartungen eindeutig auf das Sexuelle begrenzt sind. Walters Beziehungen mögen besser sein als die Marias, aber es ist anzunehmen, daß auch sie an der Oberfläche bleiben. Auch er verhält sich im Grunde naiv. Außerdem wird auch die Ehe immer distanzierter. Beide haben Probleme, müssen diese aber alleine bewältigen oder bewältigen sie vielmehr überhaupt nicht.

Ein anderes Problem ist gesellschaftlicher Art. Es wird geklatscht, bezeichnenderweise mehr über Maria als über Walter. Das entspricht der doppelten Moral. Eine wesentliche Ursache dafür sind allerdings Walters Indiskretionen seinen Kollegen gegenüber und seine Verkuppelungsversuche. Allerdings mußte auch Marias Undiszipliniertheit zu Gerede führen.

Der Streit ist für Walter und Maria ein Wendepunkt. Er war unbedingt notwendig. Allerdings kam der Streit im schlechtesten Moment, aber das ist bezeichnend. Häufig bricht am Tiefpunkt einer Entwicklung der Konflikt offen aus, was schon der Anfang zu einer positiven Entwicklung sein kann. Marias Reaktion ist richtig: Distanz gewinnen. Es ist bezeichnend, daß sie eine ernsthafte Beziehung in dem Moment findet, als sie ein anderes Lebensziel sucht als die erotische Befriedigung. Bekanntlich ist es oft so: Wer nicht sucht, der findet!

Wie geht es weiter mit Walter und Maria?

Da gibt es mehrere Möglichkeiten. Betrachten wir die negativen zuerst, mit dem Wunsch, daß sich für Leser mit ähnlichen Problemen die positiven realisieren.

Die katastrophale Variante: Maria und Walter lassen sich scheiden. Die Initiative dazu ergreift Maria. Sie gibt Walter die Schuld daran, daß sie, wie sie sich ausdrückt, »so tief gesunken ist«. Er wiederum weist ihr die Schuld zu, weil sie sich, so wie er sich ausdrückt, zügellos verhalten hat. Die Scheidung wird ein Kampf. Der Hauptstreitpunkt sind die Kinder, die keiner dem anderen überlassen will. Letztlich werden sie Walter zugesprochen. Die Richter beurteilen Marias Verhalten härter als das Walters. Walter lebt außerdem bereits mit einer neuen Partnerin zusammen. Maria hingegen wird von ihrem neuen Freund verlassen. Dieser (offensichtlich ein Anhänger der doppelten Moral) hat von Marias Vorleben gehört und betrachtet sie als »leichte Beute«. Dies beweist zwar, daß seine Liebe zu ihr nicht sehr tief gewesen sein kann, doch bedenkt Maria dies nicht. Für sie ist die Trennung ein schwerer Schlag. Sie fühlt sich aufs tiefste gedemütigt und angeekelt von den Männern. Nie mehr wird sie volles Vertrauen zu einem Mann haben. Ihre sexuellen Bedürfnisse befriedigt sie mit gelegentlichen Affären. Ganz bewußt sorgt sie dafür, daß diese oberflächlich bleiben. Im Grunde bleibt sie einsam für den Rest ihres Lebens. Eine gewisse Entschädigung findet sie in ihrem Beruf, den sie wieder aufnimmt. Sie macht sogar eine beachtliche Karriere. Auch Walter hat trotz der neuen Beziehung Probleme. Durch all die Aufregungen haben seine Arbeitsleistungen nachgelassen. Diese Tatsache, verbunden mit den Gerüchten über sein Privatleben, veranlassen die Geschäftsleitung, ihn zu entlassen. Seine Karriere ist zerstört. Männern verzeiht man Schwächen weniger als Frauen. Nach einiger Suche findet er zwar in einer entfernten Stadt wieder einen Job. Seine Partnerin, die er inzwischen geheiratet hat, will aber an dem alten Ort bleiben. So muß er eine Wochenendehe führen. Seine und Marias Kinder machen auch Probleme. All die Verwicklungen haben sie negativ beeinflußt.

Die Verdrängungsvariante: Walter und Maria schließen aus ihren Erlebnissen, daß ein Leben mit mehreren Partnern nicht funktioniert. Sie beschließen, jeder für sich, in Zukunft monogam zu leben, nach dem Motto: Vergessen wir, was war, und fangen wir neu an. Vor allem Maria, die sich beschmutzt fühlt, hat das Bedürfnis, die Vergangenheit möglichst zu verdrängen. Es gibt zwei Möglichkeiten: Maria und Walter geben, wenn auch mit Bedauern, ihre neuen Partner auf. Sie wollen ihre Ehe, diesmal monogam, fortsetzen. Bei beiden kann die Verdrängung nie ganz gelingen. Es gibt immer wieder Begebenheiten, die Walter und Maria unwillkürlich an die unliebsame Vergangenheit erinnern. Dann erwachen auch die alten Aggressionen wieder. Mit diesen versucht man dann zwar ganz schnell fertig zu werden, indem man sie ebenfalls verdrängt. Aber die unbewältigten Erlebnisse wirken für immer bewußt oder unbewußt belastend.

Oder Walter und Maria trennen sich. Nach außen hin bemühen sie sich, die Scheidung in gutem Einvernehmen durchzuführen. In ihrem Inneren hegen sie jedoch nach wie vor Aggressionen gegeneinander, über die sie aber nicht sprechen. Dies gestehen sie sich selbst kaum ein, weil sie ja an die Vergangenheit nicht mehr erinnert werden wollen. Maria lebt mit ihrem neuen Partner, vor dem sie ihre Vergangenheit möglichst zu verbergen versucht. Walter hat auch eine neue Partnerin gefunden.

Die Einseitige-Entwicklungs-Variante: Walter und Maria machen unterschiedliche Entwicklungen durch. Der eine sucht die Verdrängung oder verliert sich gar im Chaos. Der andere sucht die Auseinandersetzung mit der Vergangenheit und will aus seinen Fehlern lernen. Dies bedeutet, daß Walter und Maria sich wahrscheinlich trennen. Wenn sie doch, vielleicht der Kinder wegen, ihre Ehe fortsetzen, wird dieser die Entwicklungschance genommen. Daß einer die Verdrängung und der andere die Auseinandersetzung will, kann zu Streitigkeiten führen. Außerdem sind in diesem Fall die Vorstellungen von der zukünftigen Lebensgestaltung unterschiedlich. Der eine will monogam leben, der andere seine Freiheit behalten. Auch das führt zu Konflikten. Oder die Ehepartner leben formell nebeneinander her. Sie lassen einander die Freiheit, finden aber keine innere Beziehung mehr zueinander. Derjenige, der die Entwicklung sucht, wird mit großer Wahrscheinlichkeit vom Ehepartner behindert. So kann es dann auf die Dauer doch zur Trennung kommen.

Die Auseinandersetzungs- und Entwicklungslösung: Dabei wird die Krise als Chance genutzt. Walter und Maria sehen ein, daß sie sich der Vergangenheit und ihren Fehlern stellen müssen. Zuerst denkt jeder für sich nach. Dabei werden die Fehler nicht nur beim anderen, sondern zuerst bei sich selbst gesucht. Dann kommen Walter und Maria überein, ausführlicher darüber zu reden. Sie bleiben vorerst in räumlicher Distanz, treffen sich aber immer wieder zu langen Gesprächen. Sie analysieren ihr Verhalten, ihre Gefühle und ihre Probleme. Dabei stellen sie fest, daß sie sich viel nähergekommen sind. Außerdem haben beide einen Reifeprozeß durchgemacht. So machen sie eine Bestandsaufnahme der Gegenwart und planen auf dieser Grundlage die Zukunft.

Maria hat zu ihrem neuen Freund auch offen darüber gesprochen und damit die Gefahr akzeptiert, daß er sie verlassen könnte. Er denkt aber nicht daran. Er will Maria helfen, sich positiv zu entwickeln. Auch Walter hat inzwischen eine neue und tiefe Partnerschaft aufgebaut. Er spricht mit seiner Freundin offen über seine Situation, ohne jedoch zu sehr die Einzelheiten zu erwähnen. Er hat gelernt, daß eine gewisse Diskretion notwendig ist. Walter und Maria kommen zu dem Schluß, daß sie auf neuer Basis eine offene Ehe führen können. Sie beschließen, ihre Ehe fortzusetzen. Jeder soll die Freiheit zu weiteren Beziehungen haben, was bedeutet, daß beide ihre neue Partnerschaft neben der Ehe fortsetzen können. Sie legen fest, daß sie offen zueinander sein wollen, aber jeder in Zukunft für seine Beziehungen selbst verantwortlich ist. Durch die Auseinandersetzung haben Walter und Maria geistige Grundlagen für ihren Lebensstil gewonnen. Jetzt handeln sie aus Überzeugung. Dies bedeutet, daß sie auch auf ihre Umgebung überzeugend wirken. Der Klatsch vermindert sich. Er hört zwar nicht ganz auf, aber Walter und Maria stehen darüber. Kommt es zu Diskussionen, verfügen sie über treffende Argumente, gerade weil sie aus ihren Fehlern gelernt haben.

Die Gefahren der Freiheit

Wer sich zu erotischer Freiheit bekennt, wird oft mit dem Vorurteil konfrontiert, daß er zu allem bereit sei. Diese Meinung vertreten keineswegs nur Menschen, die die freie Lebensform verurteilen. Im Gegenteil: Es besteht die Gefahr, daß frei lebende Menschen zu Dingen verführt werden, die sie unbefriedigend oder sogar abstoßend finden. Diese Art Verführung muß nicht in böser Absicht erfolgen. Gedankenlosigkeit kann noch schlimmer wirken, und gegen sie kann man sich oft noch schwerer abgrenzen als gegen eindeutig negative Absichten. Deshalb ist es gar nicht so unwahrscheinlich, von der Freiheit unter Umständen in krasse Abhängigkeit und Unfreiheit zu geraten. Um dies zu vermeiden, ist es unbedingt notwendig, darüber nachzudenken, was man in einem freien Sexualleben nicht tun will. Dabei sind folgende Gefahren zu berücksichtigen.

- Geschlechtskrankheiten: Dabei ist nicht nur Aids zu beachten. Bei all der intensiven Aids-Propaganda wird heute vernachlässigt, daß auch Krankheiten wie Hepatitis B, Tripper, Syphilis, Herpes und Clamyden durch Geschlechtsverkehr übertragen und relativ gefährlich werden können. Auch gegen diese Krankheiten können Kondome ein Schutz sein.

- Undiszipliniertheit: Unklare Vorstellungen von Freiheit können zu hemmungslosem Verhalten führen. Wahllos werden dabei beispielsweise verschiedene Beziehungen eingegangen, die sich bei näherer Prüfung als unhaltbar erweisen, oder jemand hat eine Reihe von kurzen Affären oder »one-night stands«, die auf Dauer unbefriedigend sind. Außerdem besteht die Gefahr, daß man durch solches Verhalten in schlechte Gesellschaft gerät. Wenn

Undiszipliniertheit dazu führt, daß Sicherheit außer acht gelassen wird, ist sie sogar verantwortungslos. In vielen Fällen ist geistlose Sexualität eng mit undiszipliniertem Verhalten verknüpft. Viele Menschen – auch fortgeschrittenen Alters – stellen sich unter sexueller Freiheit ungehemmtes Ausleben vor, so wie Jean in unserem Beispiel. Dabei werden keine geistigen oder menschlichen Ansprüche gestellt. Im Gegenteil, wer mehr verlangt als unverbindliche Sexualität, wird als zimperlich oder moralistisch belächelt. Wer aber mitmacht, kann leicht jeden Halt verlieren.

In solchen Kreisen lauern noch andere Gefahren, z. B. Drogen. Drogen und disziplinlose Sexualität gehören oft zusammen. Die Droge muß nicht Heroin sein, auch Haschisch, Kokain, Medikamente oder Chemikalien, die geschnüffelt werden, sind beispielsweise auf Partys und in Discos beliebt. Zusätzlich besteht vor allem für Frauen die Gefahr, in die Prostitution abzugleiten.

- Doppelleben: Man hat einen festen Partner, mit dem man »bürgerlich« lebt, dem aber keine sexuellen »Extravaganzen« zugemutet werden. Die feste Beziehung wird allerdings als frustrierend empfunden, und die Partner leben sich außerhalb des Hauses mit wechselnden Partnern aus, beispielsweise in Bordellen, Sexclubs oder auf Reisen. Manchmal allerdings findet das Doppelleben mehr in der Vorstellung als in der Realität statt, und man beschränkt sich auf Pornohefte und Sexfilme. Für Menschen, die sich zur Freiheit bekennen, können Personen mit einem solchen Doppelleben gefährlich sein. Weil sie nach außen hin seriös wirken, geht man eine Beziehung mit ihnen ein, die durchaus ernsthaft sein kann. In Wirklichkeit aber erwarten sie von dem freiheitlichen

Partner, daß er die triebhaften Aspekte ihrer Sexualität bzw. seine Frustrationen befriedigt. Es kann vorkommen, daß bürgerliche Hemmungen erst bei der Begegnung mit einem freiheitlich denkenden Geliebten fallen. Mit diesem will man dann ausleben, was man vorher versäumt zu haben glaubt, und verführt ihn zu Handlungen, die ihm nicht entsprechen. Natürlich kann auch das Gegenteil der Fall sein: daß der freiheitliche Partner einen weniger freien zu Handlungen verführt, die dieser nachher bereut. Die Gefahr der Verführung ist dann besonders groß, wenn zwischen den Partnern eine enge Beziehung besteht und/oder wenn man unerfahren ist und noch experimentieren will.

- Perversionen: Was pervers ist, läßt sich nicht so ohne weiteres definieren. In jedem Kulturkreis und in jeder Zeit bestehen diesbezüglich unterschiedliche Auffassungen. Außerdem sind die Grenzen zwischen natürlichem Verhalten und Perversion fließend. Kriterien für Perversion könnten folgende sein: Die Perversion beginnt dort, wo zu sexuellen Zwecken der Körper und der Geist manipuliert werden. Sexuelle Praktiken, die den Körper verletzen, z. B. beim Sadomasochismus, wären demnach als pervers zu bezeichnen, besonders wenn sie gefährlich werden. Andere Praktiken wie Fesselungsspiele wirken mehr seelisch als körperlich. Geistige Manipulation zu sexuellen Zwecken, z. B. durch Drogen oder Hypnose, kann auch zu den Perversionen gezählt werden. Nicht zu unterschätzen ist, daß gewisse Perversitäten auch Modesache sind. Heute beginnt das mit dem Rasieren von Körperhaaren und geht bis zu Schönheitsoperationen, um dem modischen Schönheitsideal zu entsprechen oder jünger zu erscheinen. Schönheitsoperationen mögen ja gerechtfertigt sein bei krankhaften oder durch Unfall verursachten Entstellungen, wer aber gesund ist, sollte dankbar dafür sein und nicht leichtfertig mit diesem Gut spielen. Ein anderes Kriterium für Perversion ist die Unfreiwilligkeit. Eine sexuelle Handlung wäre dann pervers, wenn nicht alle Beteiligten damit einverstanden sind und wenn jemand durch körperliche Gewalt oder psychischen Druck zu etwas gezwungen wird.

• Perversion läßt sich nicht a priori verurteilen. Perversionen mögen Privat- und Geschmackssache sein, sofern alle Beteiligten einverstanden und ihrer Sache sicher sind und niemand ernsthaft gefährdet wird. Gefährlich können Perversionen für Personen sein, die sich spontan dazu verführen lassen oder experimentieren wollen. Gerade im Umgang mit Perversionen ist es notwendig, daß man vorher darüber nachdenkt und sich klare Grenzen setzt. Im Zweifelsfall empfiehlt es sich, nein zu sagen.

Die Freiheit, nein zu sagen

Zur erotischen Freiheit gehört auch die Freiheit, »nein« zu sagen. Einerseits bedeutet dies, daß sexuelle Kontakte zu einer bestimmten Person abgelehnt werden können, wenn man sie nicht wünscht. Andererseits ist es unfair, Hoffnungen zu machen, die man nicht erfüllen will. Besonders schlimm ist das, wenn jemand ehrliche Gefühle hegt. Deswegen kann Flirtverhalten problematisch werden, vor allem, wenn der eine weiß, daß der andere liberal denkt. Er geht automatisch davon aus, daß auch sexueller Kontakt mit dazugehört. Man flirtet am besten nur mit Personen, mit denen man auch sexuellen Kontakt haben möchte.

Wenn ein Partner Dinge erwartet, die der andere nicht tun will, ist es besser, eine Auseinandersetzung zu riskieren, als gegen den eigenen Willen mitzumachen. Auch Unsicherheit muß artikuliert werden. Im Zweifelsfall ist es besser, abzulehnen und nachzudenken. Wenn man zu dem Schluß kommt, daß die betreffende Erfahrung doch lohnend ist, kann sie ja nachgeholt werden. Besser einmal zuviel »nein« sagen als einmal zuwenig. Zur Freiheit gehört, daß der einzelne sich selbständig Grenzen setzt und diese auch einhält. Dazu gibt es verschiedene Wege.

- Die Lebensanalyse, die im Kapitel »Beziehungs- und Lebensanalyse« behandelt wurde und bei der man sich natürlich auch in bezug auf Erotik Ziele setzen kann.
- Über eigene Vorlieben und Abneigungen sollte sich jeder im klaren sein. Günstig wäre eine schriftliche Zusammenstellung, z. B. nach folgenden Kategorien: Was mache ich besonders gern? Was gefällt mir? Was gefällt mir nicht? Was ist zwar nicht unbedingt mein Geschmack, könnte ich aber dem Partner zuliebe tun? Was will ich auf keinen Fall machen? usw. Für Grenzfälle wird notiert, wo der Genuß aufhören und die Abneigung anfangen könnte. Wenn möglich, werden auch die Gründe für Vorlieben oder Abneigungen notiert.
- Aus bereits erlebten problematischen Situationen sollte man lernen und auf bevorstehende vorbereitet sein. Verschiedene Reaktionsmöglichkeiten können imaginiert werden, und man stelle sich beispielsweise die Fragen: Warum ist die Situation negativ? Was mache ich mit, was nicht? Kann ich die negative Situation positiv gestalten? Ziehe ich mich besser zurück? Wie vermeide ich Situa-

tionen dieser Art? So ist man vorbereitet auf kritische Begebenheiten. Vorteilhaft wären auch bei dieser Vorgehensweise schriftliche Notizen.

* Man kann sich positive Situationen vorstellen und allenfalls aufschreiben. Dabei helfen folgende Fragen: Warum ist die Situation positiv? Was gefällt mir besonders? Was kann ich unternehmen, damit diese Situation in meinem Leben Wirklichkeit wird? Unter Umständen kommt man bei der Vorstellung an einen Punkt, wo sich eine positive Situation ins Negative wandeln könnte. Dann stellen sich folgende Fragen: Wie kann ich die positive Situation erhalten oder sogar noch verbessern? Was könnte die Ursache der negativen Wendung sein? Was unternehme ich dagegen? Mit dieser Vorgehensweise wird man sich über Wünsche und Ziele klar. Wer diese kennt, kann leichter Grenzen setzen.

Kneifzangenprobleme

Susanne und Bernhard führen seit einigen Jahren eine offene Beziehung, die, wie beide finden, optimal funktioniert. Beide haben eine Zweitbeziehung, die ebenfalls seit einiger Zeit gut läuft. Eines Tages lernt Susanne Franz kennen, mit dem sie sich rasch gut versteht. Sie haben viele Gemeinsamkeiten und geben einander wertvolle Impulse, die Susanne veranlassen, sich in den nächsten Jahren beruflich neu zu orientieren. Leider wohnen Franz und Susanne ziemlich weit auseinander. Trotzdem treffen sie sich hie und da. Nach ein paar Monaten kommt es auch zu einer intimen Beziehung. Susanne ist sehr glücklich und möchte Franz natürlich häufiger treffen als bisher. Sie setzt automatisch voraus, daß Franz das auch möchte, doch scheint dies nicht der Fall zu sein. Im Gegenteil, sie treffen sich seltener als bisher. Susanne versteht das nicht, fragt sich, ob Franz nur ein Abenteuer wollte. Franz bestreitet das und erklärt Susanne, daß er ein wichtiges berufliches Projekt in Angriff genommen habe, das ihn sehr beanspruche und etwa ein Jahr dauere. Susanne begreift das. Sie selbst würde ja auch nicht auf eine interessante Arbeit verzichten wegen einer Beziehung. »Ein Jahr ist nicht lange«, denkt sie, »und wir sind ja noch jung.« Trotzdem ist sie zeitweise unglücklich. Nachdem Franz sein Projekt beendet hat, hofft Susanne auf häufigere Treffen. Aber das ist ein Fehlschlag. Franz hat schon die nächsten Projekte, die nicht weniger zeitraubend sind. Die Treffen werden immer seltener. Franz versichert Susanne, daß er sie schätze, der Beruf bei ihm aber dem Privatleben vorgehe. Susanne ist tief unglücklich. Die Beziehung zu Franz war für sie sehr wichtig, sie ist davon überzeugt, daß Franz arbeitssüchtig ist, und überlegt sich, wie sie ihn davon abbringen könnte. Da man sich nie sieht, hat sie natürlich auch nicht genügend Gelegenheit, sich mit Franz auseinanderzusetzen. Hie und da macht sie einen Anlauf, aber Franz reagiert ausweichend.

Statt dessen redet Susanne mit Bernhard über ihre Probleme mit Franz. Am Anfang nimmt Bernhard daran großen Anteil und versucht, Susanne zu helfen. Auf Dauer belastet es ihn. Er spürt, daß sie unglücklich ist, was er schlecht verträgt. Er möchte, daß Susanne glücklich ist, und ärgert sich auch über Franz, dessen Verhalten er nicht versteht. Er begreift nicht, daß ein anderer die Frau, die er liebt, abweist und unglücklich macht. Je länger die Probleme dauern, desto negativer wirken sie sich auf die Partnerschaft von Susanne und Bernhard aus.

Hinzu kommt, daß auch Bernhard eine weitere Beziehung angeknüpft hat, und zwar auch eine problematische. Seine neue Freundin Lena ist arbeitslos und hat demzufolge Depressionen. Bernhard fühlt sich verpflichtet, ihr zu helfen. Wegen ihrer Arbeitslosigkeit hat Lena angefangen zu trinken und taucht manchmal unangemeldet und völlig betrunken in der Wohnung auf, die er gemeinsam mit Susanne bewohnt. Nun findet Susanne im Prinzip nichts dabei, wenn Bernhard Besuch von einer anderen Frau hat. Sie kann ja auch ihre Freunde einladen. Aber eine Frau, die ständig betrunken in ihrer Wohnung herumsitzt, findet sie nun doch unangenehm. Eines Tages kommt es zum Krach. Susanne wirft Lena kurzerhand hinaus. Sie fordert Bernhard auf, »mit dieser Person Schluß zu machen«. »Die belastet dich doch nur«, meint sie.

»Jeder kehr' vor seiner Tür«, antwortet Bernhard, »dein ewiges Gejammer wegen Franz, der dich nicht sehen kann oder will, geht mir auch schon lange auf die Nerven. Laß ihn doch sausen. Wenn der nicht merkt, was er an dir hat, dann ist er selbst schuld, wenn er dich verliert. Aber ewig jammern und nie etwas entscheiden! Er ist ein Workoholic, du unglücklich, ich kriege alles mit und kann euch ja doch nicht helfen – da fühl' ich mich wie in einer Kneifzange. Das ist auch der Grund, warum ich in die Beziehung mit Lena hineingerutscht bin.« – »Und die kneift dich nun erst recht«, meint Susanne. Beide lachen. »Du hast recht, da muß wirklich etwas passieren«, sagt Susanne. »Ich muß wohl mit Franz zu einer Lösung kommen, und wenn's Trennung bedeutet.«

Solche Kneifzangenprobleme kommen in vielen Beziehungsgeflechten vor. Zwei Menschen haben ein Problem und belasten einen dritten damit. Dieser befindet sich dann in der Kneifzange. Das Problem kann, wie in unserem Beispiel, noch kumulieren bzw. eine Kettenreaktion bewirken. Der Partner, der sich in der Kneifzange befindet, bekommt demzufolge selbst Probleme, die sich wieder negativ auswirken. Deswegen müssen Kneifzangenprobleme immer so rasch wie möglich gelöst werden.

Probleme in einer Partnerschaft können nur durch die betreffenden Partner und nicht durch Außenstehende gelöst werden. Man kann wohl mit anderen darüber reden, auch mal Dampf ablassen; Susanne hat aber den Fehler gemacht, gegenüber Bernhard immer nur ihren Frust abzureagieren. Auf Bernhards Lösungsvorschläge ging sie nicht ein. Im Grunde scheute sie die Auseinandersetzung mit Franz. Deswegen war es ihr unbewußt ganz recht, daß die Zeit dafür fehlte. Es war einfacher, sich mit Bernhard gemütlich zu unterhalten. Auf Dauer sind Gespräche über Probleme nur dann sinnvoll, wenn sie konstruktive Lösungswege aufzeichnen, die nachher auch beschritten werden.

Susanne ist nun fest entschlossen, ihre Probleme mit Franz zu bereinigen. Sie nimmt in Kauf, daß das zur Trennung führen könnte. Sie spricht energisch mit Franz und erzählt ihm, was für negative Auswirkungen sein ewiger Zeitmangel auf sie und Bernhard hatte. »Das bedaure ich sehr«, meint Franz. »Ich hatte nie die Absicht, dich oder deinen Freund zu verletzen. Aber ich habe einfach keine Zeit für mehrere Beziehungen. Wahrscheinlich hätte ich das schon lange einsehen müssen.« – »Dann muß ich mich wohl von dir distanzieren, jedenfalls gefühlsmäßig«, stellt Susanne fest. »Wir müssen uns ja nicht aus dem Weg gehen.« – »Sicher nicht«, sagt Franz. Susanne muß also ihre Gefühle für

Franz, die noch immer sehr stark sind, reduzieren. Dies ist schmerzhaft. Aber es gelingt ihr, ihre Gefühle so weit einzudämmen, daß sie die meiste Zeit nur noch latent sind. Dies hat eine positive Auswirkung. Sie hört auf, sich Hoffnungen auf Franz zu machen, obwohl sie nicht ganz ausschließt, daß sie mit ihm wieder zusammenkommen könnte. Als Folge davon verbessert sich ihre Partnerschaft zu Bernhard wieder. Dieser hat inzwischen Lena dazu gebracht, eine Entziehungskur zu machen. Außerdem hat er die sexuellen Beziehungen zu ihr aufgegeben, was sich ebenfalls positiv auswirkt. Susanne ist nun offen für eine neue Beziehung, die ihr viele Impulse verleiht, die sie bei Franz zuletzt vergeblich gesucht hatte. Nach einiger Zeit nimmt sie wieder Kontakt mit Franz auf, ganz freundschaftlich. Es erstaunt sie, daß sich daraus mehr ergibt. Franz und Susanne sehen ihre Beziehung objektiver und erkennen, daß der Zeitmangel nicht das eigentliche Problem war. Sie analysieren nun die wirklichen Schwierigkeiten. Auf dieser Basis können sie ihre Partnerschaft neu gestalten.

Eines der wichtigsten Kneifzangenprobleme ist Eifersucht. Auch da sind Kumulationen möglich. Das Normale ist, daß ein Lebenspartner auf die Zweitbeziehung eifersüchtig ist. In einer traditionellen Beziehung rechnet man nicht damit, daß der Partner eine weitere Beziehung anfängt. Wenn der andere es überhaupt erfährt, dann meistens auf Umwegen. So kann Eifersucht leicht entstehen. Der Lebensgefährte wünscht dann meistens, daß die zweite Partnerschaft aufgegeben wird. Was tun, wenn man das nicht will?

Es kann natürlich auch umgekehrt sein, daß der Zweitbeziehungspartner auf den Lebensgefährten eifersüchtig ist. Meistens weiß der zweite Partner zwar von Anfang an, daß es einen Lebensgefährten gibt, so daß er sich innerlich darauf einstellen kann. Es gibt viele Zeitpartner, Männer und Frauen, die den Lebensgefährten von vornherein akzeptieren.

Eine weitere Konstellation ist folgende: Bruno hat eine Lebenspartnerschaft mit Anna und eine Beziehung zu Claudia. Diese hat eine Beziehung zu Dieter. Bruno ist eifersüchtig auf Dieter, und Anna ist eifersüchtig auf Claudia. Claudia befindet sich hier in der Kneifzange zwischen Bruno und Anna. Die Eifersucht Brunos gegen Dieter ist eine weitere Zange. Dieter könnte in die Kneifzange zwischen Bruno und Claudia geraten, sobald Brunos Eifersucht sich direkt oder indirekt auf ihn auswirkt. Eine Folge dieser Konstellation könnte sein, daß Claudia eifersüchtig wird auf Anna, so daß diese zwischen Bruno und Claudia eingeklemmt wird. Kompliziert, nicht wahr? Deswegen ist es ratsam, solche Probleme möglichst schnell zu bekämpfen oder, noch besser, dafür zu sorgen, daß sie gar nicht erst entstehen. Dabei müssen die Probleme bei der Wurzel gepackt werden und die Ursachen und nicht die Symptome bekämpft werden. Das gilt natürlich nicht nur für Eifersucht.

Was habe ich, was er/sie nicht hat?

Eifersucht wird immer wieder als naturgegeben angesehen. Sie gehört zur Liebe, ist ein beliebtes Argument. Wer nicht eifersüchtig ist, dem ist der Partner gleichgültig, heißt es. Nena und George O'Neill haben in »Die offene Ehe« folgendes festgehalten: »Die Eifersucht ist in erster Linie eine *erlernte,* von der Gesellschaft bestimmte Reaktion. Bei einigen Völkern, zum Beispiel bei den Eskimos, den Lobi in Westafrika, den Siriono in Bolivien, ist die Eifersucht auf ein Minimum reduziert; und bei anderen, zum Beispiel bei den Toda in Indien, ist sie nahezu völlig unbekannt. Wenn sie in anderen Gesellschaftsordnungen stark reduziert oder praktisch nicht existent ist, kann man sie auch nicht als ›natürliche‹ Veranlagung betrachten.« Daraus ziehen die O'Neills einige treffende Rückschlüsse über das Wesen der Eifersucht: »Die Idee von der sexuell ausschließlichen Monogamie und dem gegenseitigen Besitzanspruch erzeugt eine tiefverwurzelte Abhängigkeit, kindische und kindliche Gefühle und Unsicherheiten. Je unsicherer man sich fühlt, desto mehr neigt man zur Eifersucht ... Sie ist also nicht ein Ausdruck unserer Liebe, sondern unserer Unsicherheit und Abhängigkeit. Sie ist die Angst vor dem Verlust der Liebe eines anderen Menschen, und sie zerstört gerade diese Liebe.«

Die Frage ist jetzt, wie geht man gegen die Eifersucht vor, gegen die eigene und gegen die des Partners. Natürlich muß man bei sich selbst anfangen. Dabei kann man folgende Überlegungen anstellen:

• Als erwachsener Mensch muß ich auch mit vielen anderen negativen Gefühlen fertig werden, wie beispielsweise Zorn, Unbeherrschtheit, depressive Stimmungen usw. Diese kann ich zwar nicht immer verdrängen, aber ich muß ihnen nicht freien Lauf lassen, sondern bin fähig, mich gegenüber anderen Personen zu beherrschen. Das kann man von mir als erwachsenem Menschen erwarten. Meistens gelingt mir das auch. Außerdem, warum bin ich überhaupt eifersüchtig?

• Wie festgestellt, ist Unsicherheit eine wichtige Ursache

der Eifersucht. Diese entsteht aber aus der Angst vor
dem Vergleich. Man glaubt, man könnte in den Augen
des Partners schlechter dastehen als der andere. Wenn
man den Gedanken zu Ende denkt, bedeutet das, man
müßte den Partner von allen anderen Menschen zurück-
halten, zumindest von Personen des anderen Geschlechts. Das wurde und wird heute noch in verschiedenen Regionen praktiziert. In unserer Gesellschaft ist es
zum Glück nicht möglich. Es würde natürlich auch
nichts bringen. Wer die Konkurrenz fernhält, beweist
deswegen noch lange nicht, daß er sich bewährt. Im Gegenteil, wirklichen Erfolg hat derjenige, der sich mit der
Konkurrenz mißt und sich ihr gegenüber durchsetzt.
Diese Überlegung läßt sich auch auf die Partnerschaft
übertragen: »Wenn mein Partner weitere Beziehungen
hat, aber die Partnerschaft mit mir trotzdem fortsetzt,
beweist das, daß ich in seinen Augen Qualitäten habe.
Ich kann also sicher sein, daß mein Partner mich nicht
gleich verläßt, wenn er jemand anderes kennenlernt.
Das ist eine Garantie für die Stabilität unserer Partnerschaft.«

• Wem diese Überlegung noch nicht genügt, der kann zusätzlich folgendes machen. Wer eifersüchtig ist, fragt
meistens: »Was hat der oder die, was ich nicht habe?«
Damit konzentriert man sich auf den anderen, denkt
über dessen mögliche Vorteile nach und vernachlässigt
dadurch sich selbst und weicht sich selbst aus. So kann
man natürlich kein Selbtvertrauen gewinnen. In anderen
Fällen kann diese Einstellung auch Ausdruck eines
übersteigerten Selbstbewußtseins sein: »Ich bin vollkommen, also was will mein Partner noch bei einem andern?« Vollkommen ist niemand, das wird auch nicht

verlangt. Außerdem ist solch übersteigertes Selbstwertgefühl oft ebenfalls ein Indiz bzw. eine Kompensation für ein Minderwertigkeitsgefühl.

Die erwähnte Frage dreht man besser um: »Was habe ich, was der oder die andere nicht hat?« Damit setzt man den Schwerpunkt bei sich selbst und ist gezwungen, sich mit sich selbst auseinanderzusetzen. Das ist anstrengend, aber sehr nützlich, und es wirkt sich auch auf andere Lebensbereiche positiv aus. Eine gute Methode ist, eine Liste der positiven Eigenschaften und der Erfolge, die man im Leben hatte, zu erstellen. Damit wird klar, daß man selbst auch Qualitäten hat, die dem Partner gefallen könnten. Zu einer kritischen Selbstanalyse gehören natürlich auch die eigenen Schwächen. Allerdings werden in den meisten Fällen die Stärken die Schwächen überwiegen. Das so aufgelistet zu sehen, ist gut für das Selbstvertrauen. Wenn auf der Liste die Schwächen überwiegen, muß man sich fragen, ob man sich nicht zu negativ beurteilt.

Erst wer diese Selbstanalyse gemacht hat, kann den Partner nach den Vorteilen seiner neuen Beziehung fragen und im Vergleich feststellen, daß einige positive Eigenschaften übrigbleiben, die der neue Partner nicht hat, und umgekehrt. Meistens sind Zweitbeziehungen ja eine Ergänzung zu der Lebenspartnerschaft. Wenn das klar wird, sieht man, daß Eifersucht keinen Sinn hat und daß man sie auch nicht nötig hat. Noch besser ist es, wenn schon die Selbstanalyse das Selbstvertrauen so stärkt, daß Vergleiche gar nicht mehr notwendig sind.

Wenn man sich mit einem Partner auseinandersetzen muß, weil er eifersüchtig ist, muß man ihn zuerst nach Gründen fragen. Eifersucht basiert oft auf rein rationalen Grundlagen, z. B.: »Du verbringst so viel Zeit mit der oder dem anderen, daß du keine mehr für mich hast.« Auf solche Argumente muß unbedingt eingegangen werden, beispielsweise: »Dann muß ich meine Zeit anders einteilen. Ich will sehen, daß das möglichst schnell passiert, so daß ich trotz der neuen Beziehung genug Zeit für dich habe.« Ein guter Zeitplan sollte alle Beteiligten berücksichtigen. Rationale Gründe für Eifersucht sind relativ leicht zu beseitigen. Genau betrachtet liegt in solchen Fällen häufig gar keine Eifersucht vor, sondern das Gefühl, vernachlässigt zu werden. Schwieriger ist es, wenn der Grund für die Eifersucht ein Minderwertigkeitsgefühl ist. Dann benötigt der Partner Hilfe.

In vielen Fällen ist es notwendig, das Selbstvertrauen des Partners zu stärken und ihn beispielsweise zu einer Selbstanalyse aufzufordern. Der Partner soll mit Worten und durch Handlungen erfahren, warum man die Partnerschaft mit ihm schätzt und daß man sie nicht wegen jemand anderem aufgibt. Er muß das Gefühl bekommen, daß er nicht vernachlässigt wird. Der Lebenspartner könnte allerdings fragen: »Wenn du mich so gut findest, wie du sagst, warum brauchst du die/den andere/n?« Darauf kann man antworten: »Ich finde euch beide gut, aber jede/n auf seine/ihre Art.« Das läßt sich auch begründen mit einigen guten Eigenschaften des neuen Partners oder mit Anregungen, die man durch diesen erfährt und die den direkten oder indirekten Gewinn sichtbar werden lassen. Vergleiche vermeidet man aber besser, vor allem wenn es um Intimitäten geht.

Eines bringt gar nichts: sich vom Partner erpressen zu lassen. Es kommt leider oft vor, daß ein Partner den anderen dazu zwingen will, eine Beziehung aufzugeben. Dies kann natürlich auch aus anderen Gründen als Eifersucht geschehen, beispielsweise aus Prinzip oder aus weltanschaulichen Gründen oder aus Besitztrieb, der aber meistens mit Eifersucht verknüpft ist. Nennt der Partner weltanschauliche oder religiöse Gründe, kann man darauf antworten: »Du hast deine Weltanschauung; ich respektiere sie und daß du danach lebst. Aber ich bin anderer Meinung, bitte respektiere das ebenfalls. Jeder von uns ist letztlich für sein Leben selbst verantwortlich. Unsere Zusammengehörigkeit soll nicht durch verschiedene Anschauungen gestört werden. Das erreichen wir am besten, wenn jeder die des anderen achtet. Drohungen oder Erpressungen bewirken nur negative Gefühle.«

Wenn der Partner aus Eifersucht, Besitzgier oder anderen negativen Gefühlen erpresserische Forderungen stellt, muß man sich auf den Standpunkt stellen: »Dein Verhalten wirkt destruktiv, auch auf unsere Beziehung, nicht nur auf meine neue. Das, was du machst, ist Erpressung. Du bist ein erwachsener Mensch, und ich erwarte von dir, daß du mit Gefühlen fertig wirst, die sich negativ auswirken. Du kannst das, und ich bin gern bereit, dir dabei zu helfen. Mit Erpressung erniedrigst du zuerst dich selbst und auch mich. Ich bitte dich, dir zu überlegen, was du davon hast, wenn ich die andere Beziehung aufgebe.« Wenn die rationalen Probleme, wie beispielsweise Zeitmangel, gelöst sind, dürfte es schwierig sein, diese Frage zu beantworten. Dem eifersüchtigen Partner muß bewußt werden, daß er eine destruktive Forderung stellt. Der andere verliert, und er selbst gewinnt nicht einmal etwas dadurch. Diese Einsicht kann sicher in vielen Fällen die Eifersucht zumindest relativieren.

Eine andere Taktik, die oft empfohlen wird, ist der Rückzug, allenfalls verbunden mit dem Trennungsangebot. Man rechnet damit, daß der Partner dann in Panik gerät, die andere Beziehung aufgibt und mit fliegenden Fahnen zu einem zurückkommt. Dann bräuchte es nur noch eine Beziehungsanalyse, und schon ist die Monogamie wiederhergestellt. Auch das ist eine Art Erpressung, eine ziemlich perfide sogar, weil sie mit scheinbar großzügigem Verhalten getarnt wird. Doch ist das vielen Menschen, die so handeln, nicht unbedingt bewußt. Dieses Verhalten wird von den Monogamie-Ideologen immer wieder empfohlen, natürlich mit der Begründung, daß es eine gute Tat sei, um die Partnerschaft zu retten, besonders wenn noch Drittpersonen, z. B. Kinder, durch die Zerrüttung einer Partnerschaft betroffen würden. So kommt es, daß viele in dem guten Glauben handeln, für den Partner und sich etwas Positives zu tun. Dieses Gefühl wird noch verstärkt dadurch, daß diese Taktik so viel Nervenkraft benötigt, daß keine Energie bleibt, noch weiter nachzudenken. Wenn sich der Partner also auf die Rückzugstaktik verlegt hat, nützen Vorwürfe gar nichts. Sie werden ihn höchstens noch bestärken. Besser ist es, ruhig und sachlich zu erklären, daß man den Erpressungsmechanismus durchschaut hat: »Du tust so, als wolltest du edelmütig verzichten. Vielleicht willst du es wirklich, aber ich weiß, daß du mich noch liebst. Ich will nicht, daß du ein Opfer bringst. Liebe bedeutet, sich so zu arrangieren, daß keiner Opfer bringen muß. Wenn du dich aber aus Taktik zurückziehen willst und mich so indirekt dazu zwingen, die andere Beziehung aufzugeben, sage ich dir gleich, daß das nichts bringt. Ich glaube zwar nicht, daß du die Absicht hast, mich zu erpressen, aber es läuft letztlich doch auf das hinaus. Wenn du dir das genau überlegst, siehst du das selbst ein.« Damit kommt man zum Ausgangspunkt zurück.

Es genügt natürlich nicht, den Partner von seinem erpresserischen Verhalten abzubringen. Anschließend ist eine gründliche Lebens- und Beziehungsanalyse nötig. Dabei müssen *beide* Teile auch ihre eigenen Schwächen und Fehler berücksichtigen. Besonders nötig ist eine Analyse, wenn der Partner bei seinem erpresserischen und destruktiven Verhalten bleibt. Das ist ein Zeichen für eine ernsthafte Krise der Partnerschaft. In diesem Fall muß vielleicht wirklich die Trennung in Erwägung gezogen werden. Um solche Auseinandersetzungen zu bewältigen, empfiehlt es sich, Hilfe von außen zu suchen, am besten bei einem geeigneten Vertrauten beider Partner oder einem Fachmann. Vielleicht ließe sich ja auch einiges in einer Selbsthilfegruppe besprechen.

Rivalität zwischen Eltern und Kindern

Silvia kommt am Montag morgen in die Schule, offensichtlich in schlechter Laune. Ihre Freundin Bea spricht sie darauf an: »Was ist denn los mit dir? Ist was schiefgelaufen am Wochenende? Hast du Zoff gehabt zu Hause?« – »Das nicht, eigentlich das Gegenteil. Ich war mit Mama auf einer Party.« – »Die geht mit dir aus? Das find' ich ja toll. Also, meiner Mutter würde das nie einfallen. Aber deine Mutter ist ja überhaupt eine tolle Frau!« – »Jetzt fängst du auch noch an!« – »Ja, was ist denn los? Hast du Streit mit ihr?« – »Nein, das nicht, aber das ist so: Wir kommen also auf die Party bei Bekannten von uns. Die haben so ein tolles Haus mit Garten und Swimmingpool. Kaum sind wir da, lächelt meine Mutter einmal in die Runde, und schon

196

ist sie der große Star. Mich beachtet keiner, und wenn, dann bin ich eine Art Anhängsel von ihr. ›Ja, was, sie haben schon eine so große Tochter? Ja, wer hätte das gedacht! Wie Schwestern sehen Sie aus.‹ Und einer war besonders fies, der fragte doch tatsächlich, wer von uns die Mutter und wer die Tochter sei. Am liebsten hätt' ich ihm eine geknallt. Aber das geht natürlich nicht. Und nachher wurde getanzt. Meine Mutter wurde dauernd aufgefordert, und ich saß den halben Abend da wie das letzte Mauerblümchen. Und so geht das immer. Neben meiner Mutter fühl' ich mich wie ein Trampel.« – »Ja, dann versteh' ich, daß du sauer bist. Dann geh' doch einfach nicht mehr mit deiner Mutter aus, wenn das immer so läuft.« – »Das ist ja das Blödsinnige, ich geh' eigentlich gern mit ihr aus. Ich bin ja auch stolz, daß sie so attraktiv ist, und ich gönn' ihr ja ihren Erfolg. Aber ich hätte selbst auch gerne welchen.« – »Ja, dann frag' sie doch, wie sie das macht.« – »Hab' ich doch schon. Sie sagt immer dasselbe: ›Eigentlich mach' ich gar nichts. Ich weiß selbst nicht, woran das liegt.‹ Damit kann ich nichts anfangen.« – »Legt sie es denn darauf an, dich auszustechen?« – »Sicher nicht. Hat sie doch auch nicht nötig. Außerdem ist sie nicht so gemein.« – »Da hab' ich eher das umgekehrte Problem«, meint Bea. »Meine Mutter sieht mich als Konkurrenz an. Deswegen würde sie auch nie mit mir ausgehen. Wenn wir doch mal zusammen in Gesellschaft sind, hab' ich den Eindruck, sie stellt mich kalt, wo sie nur kann, damit nur ja keiner an mich rankommt.«

Konkurrenz zwischen Müttern und Töchtern kann tatsächlich, gewollt wie in Beas Fall und ungewollt wie in Silvias Fall, sehr hart sein. Ähnliche Probleme sind auch zwischen Schwestern und Freundinnen möglich. Mit Schwestern kann man sich auf gleicher Ebene auseinandersetzen. Bei Müttern und Töchtern verschärft der Generationsunterschied das Problem zusätzlich. Die Mutter kann sich, wie Beas Mutter, neben der Tochter alt fühlen und die Tochter ausschalten wollen, vor allem natürlich gegenüber Männern, die ihr gefallen. Oder sie kann, wie Silvias Mutter, jugendlich und attraktiver als die Tochter sein. Im ersten Fall ist es eindeutig die Mutter, die die Probleme hat. Sie sollte ihr Selbstvertrauen stärken, ohne die Tochter mit ihren Schwierigkeiten zu belasten. Schließlich ist sie die ältere und sollte mehr Reife besitzen. Im zweiten Fall liegt das Problem bei der Tochter. Die Mutter sollte in diesem Fall die Tochter beraten, wie sie sich attraktiv kleiden und benehmen kann. Allerdings ist es mit Äußerlichkeiten nicht getan. Anziehungskraft ist die Folge einer inneren Entwicklung. Diesbezüglich kann die Mutter für die Tochter ein Vorbild sein, mehr durch Handlungen als durch Worte. Diskussionen können allerdings auch sehr nützlich sein. Silvia hat eine große Chance, später ebenso attraktiv zu werden wie ihre Mutter. Von ihrer Mutter kann sie etwas lernen. Sie kann also durchaus weiter mit ihr ausgehen. Andererseits kommt sie nicht darum herum, sich einen eigenen Bekanntenkreis zu schaffen, der mit den gesellschaftlichen Kontakten der Mutter nichts zu tun hat. Je schneller sie dies tut, desto besser. Das wird ihr Selbstvertrauen stärken, und dieses ist eine Voraussetzung für Attraktivität.

Dasselbe gilt auch für Väter und Söhne. Unter männlichen Familienmitgliedern sind die Konkurrenzsituationen meistens weniger scharf. Wenn es zu Konflikten kommt, sind diese eindeutiger als zwischen Frauen, z. B., wenn der Vater dem Sohn oder der Sohn dem Vater eine Freundin ausspannt. Ein anderes Problem ist die Beziehung zwischen Vätern und Töchtern. Väter können eifersüchtig werden, wenn die Tochter ein freies Liebesleben führt. Dagegen muß sich entweder die Tochter wehren, oder der Vater kann sich auf den Standpunkt stellen: Tu, was du willst, aber laß mich damit in Ruhe. Diesen Standpunkt respektiert die Tochter am ehesten. Natürlich kann sie dem Vater ernsthafte Partner vorstellen. Aber sie muß ihm nicht von jeder Affäre oder von sporadischen Partnerschaften erzählen.

Auf jeden Fall ist es doch sehr zu empfehlen, Partner von Familienmitgliedern als tabu zu betrachten, jedenfalls solange die intime Beziehung besteht. Nachdem diese aufgelöst ist, sieht die Sache anders aus. Auch wenn alle Beteiligten noch so frei leben, kann es zu Konflikten führen, wenn zwei Familienmitglieder gleichzeitig denselben Partner haben. Dabei mag die Inzestvorstellung eine Rolle spielen.

Aids – keine Panik, aber Disziplin

Aids gilt heute als gewichtiges Argument für die Monogamie. Wie aus den Statistiken ersichtlich ist, leben die Menschen aber nicht aus Angst vor Aids monogam. Gemäß Statistik gab es 1991 in Deutschland auf rund 80 Millionen Einwohner 6.968 Aids-Fälle, in der Schweiz auf ungefähr 6,5 Millionen Einwohner 2.086 und in Gesamteuropa 60.485 Aids-Fälle. Schon dieser kurze Überblick zeigt, daß Statistiken für den Einzelfall nicht viel aussagen. Die Verbreitung von Aids ist je nach Gegend, Alters- und Risikogruppe sehr unterschiedlich. Risikogruppen sind nach wie vor homosexuelle Männer und Rauschgiftsüchtige. Allerdings sind auch zunehmend Heterosexuelle gefährdet. Wie hoch das Aids-Risiko für den einzelnen ist, hängt sehr von ihm selbst ab. Ob man monogam oder polygam lebt, ist nur bedingt ein Kriterium. Monogamie schützt nur dann absolut, wenn sie lange dauert und beide Partner HIV-negativ sind. Wer mehrere relativ kurze »monogame« Partnerschaften hintereinander hat, kann gefährlicher leben als jemand, der mehrere dauernde Partnerschaften zu verantwortungsbewußten Menschen pflegt.

Betrachtet man das Aids-Risiko, muß über das Risiko als solches nachgedacht werden. Trotz oder wegen all der Risiken der heutigen Gesellschaft verbreitet sich heute immer mehr ein übertriebenes Bestreben nach Sicherheit. Man will sich möglichst absolut absichern und jedes Risiko ausschließen. Dadurch schränkt man sich selbst und andere manchmal unnötig und ungebührlich ein, ohne daß der Schutz vor Gefahren deswegen größer wird. Diese Tendenz geht oft so weit, daß man schon von Feigheit und Verweichlichung sprechen kann. Feigheit, die in früheren Zeiten zu Recht verpönt war (»Lieber tot als feige« ist ein alter Grundsatz), hat heute Hochkonjunktur, und Risikoscheu bestimmt das Leben vieler Menschen. Monogamie aus Angst vor Aids ist ein Verhalten, das dafür typisch ist. Außerdem läßt diese Haltung ein anderes wesentliches Grundbedürfnis des Menschen unberücksichtigt, nämlich die Herausforderung. Die Menschen brauchen eine solche, sonst verkümmern sie. Je risikoscheuer eine Gesellschaft ist, desto mehr werden die Gefahren künstlich gesucht. So erklärt sich der Trend zu relativ gefährlichen Sportarten und Expeditionen. Ein solches künstliches nervenkitzelndes Gefahrensuchen kann auch unverantwortliches Sexualverhalten sein. Wenn jemand ungeschützt mit Unbekannten, sogar mit Vertretern von Risikogruppen, Geschlechtsverkehr hat, entsteht eine Spannung. Diese kann sich noch vergrößern, indem ständig Aids-Tests gemacht werden. Es ist wie beim russischen Roulette. Trifft die Kugel nun oder nicht? Fazit: Läßt man sein Leben durch die Angst vor einem Virus bestimmen, beherrscht die Gefahr den Menschen, statt der Mensch die Gefahr.

Hier kann das Aids-Problem nur summarisch behandelt werden, und doch sind für den Umgang mit Aids folgende Aspekte grundlegend:

Jeder muß selbst die Verantwortung für das übernehmen, was er tut. Helmut Zenz, Leiter der Abteilung für Medizinische Psychologie der Universität Ulm, äußert im »Aids-Handbuch für die psychosoziale Praxis«: »Die Verantwortlichkeit für die gefährdende Situation liegt durchaus nicht nur bei ihm (dem HIV-Positiven), da man von seinem Partner erwarten kann, daß dieser seinerseits sich vor einer Ansteckung schützen kann und wird ... Es kann sich eine psychologische Situation ergeben, in der der Infizierte vom sorglosen draufgängerischen Partner zum ungeschützten Verkehr geradezu genötigt wird ...« Man kann also nicht einfach die Verantwortung allein auf den Partner delegieren, wenn man angesteckt wird.

Es muß nicht sein, daß man sich ansteckt beim Verkehr mit einem HIV-Positiven, aber es kann sein. Wenn man Pech hat, kann man sich dabei anstecken. Andererseits gibt es Menschen, die jahrelang mit einem HIV-Positiven ungeschützt verkehrt haben, ohne sich anzustecken. Trotzdem ist klar, daß man sich bei flüchtigen Beziehungen mit einem Kondom schützen muß. Nicht nur wegen Aids. Wird eine Beziehung tiefer und dauernder, dann kann man sich überlegen, ob auf die Präservative verzichtet werden kann. Ungeschützter Verkehr muß aber freiwillig von beiden Partnern beschlossen werden, und zwar nach einem Gespräch, bei dem folgendes abgeklärt werden muß:

- Hat der Partner einmal gefixt?
- War er früher einmal geschlechtskrank? (Geschlechtskrankheiten, überhaupt Infektionen vergrößern das Risiko, angesteckt zu werden.)
- Hat der Partner, wenn es sich um einen Mann handelt, mit Männern geschlafen?
- Hatte der Partner ungeschützten Geschlechtsverkehr in der Dritten Welt?
- Besucht der Partner Prostituierte und verkehrt mit ihnen ungeschützt?
- Hat der Partner Beziehungen mit Personen, die heute HIV-positiv sind?
- Hat der Partner oder eine Person, mit der er eine Beziehung hat, verseuchte Bluttransfusionen oder Spritzen bekommen? Das kann heute noch passieren, vor allem in Drittwelt- und ehemaligen Ostblockländern.

Wenn diese Fragen mit Nein beantwortet werden, kann man davon ausgehen, daß er wahrscheinlich nicht HIV-positiv ist. Beantwortet er eine oder mehrere mit Ja, besteht ein Risiko, und man muß weiterhin vorsichtig sein und vor allem darauf achten, daß man das Kondom richtig benützt. Auch das ist verantwortliches Handeln. Jedenfalls kann man sich nicht jahrelang nur auf ein Stück Gummi verlassen!

Ob man einen Aids-Test macht, muß reiflich überlegt werden. Das Ergebnis HIV-positiv kann sehr stark belasten. Es gibt sogar Thesen, nach denen die psychischen Strapazen krankheitsfördernd sind. So schrieb der Medizinjournalist Rainer Otte: »Die Medizin weiß heute, daß die psychische und soziale Situation der HIV-positiven Menschen Gift für ihr Immunsystem ist …«

Ein wichtiger Aspekt ist das Vertrauen zum Partner, das Voraussetzung jeder tiefen Beziehung ist. Fragen zu stellen nützt nichts, wenn man nicht erwarten kann, daß diese ehrlich beantwortet werden. Man weiß nicht immer genau, wem man nun vertrauen kann und wem nicht. Je weniger Menschenkenntnis man hat, um so schwieriger wird es, das abzuschätzen. Hinzu kommt, daß ein Mensch nicht unbedingt aus böser Absicht, sondern auch aus Hemmung die Unwahrheit sagen kann, beispielsweise, weil er den Partner nicht schockieren will. Oder er denkt: »Wenn sie/er das erfährt, will er nichts mehr mit mir zu tun haben.« Ist einer der Partner aber mißtrauisch, dann ist der andere verletzt. Deswegen ist es zu empfehlen, sich so lange mit Kondom zu schützen, bis eine Beziehung eine Vertrauensbasis hat. Der Partner muß auch das Gefühl haben, daß er nicht wegen irgendwelcher Geständnisse verurteilt oder abgelehnt wird. Über alles läßt sich reden, und Fragenstellen ist erlaubt. Je nachdem, wie diese beantwortet werden, kann das Risiko abgeschätzt und die Entscheidung getroffen werden, ob man auf Schutz verzichten will oder nicht. Aber zu beachten ist trotzdem: Jeder entscheidet das auf eigene Verantwortung und auf eigenes Risiko!

Wie schützt man sich vor gesellschaftlichen Diffamierungen?

Harry und Eveline führen eine offene Ehe. Früher haben sie in einer großen Stadt gewohnt, wo das kein Problem war. Kürzlich sind sie in eine Kleinstadt gezogen. Harry hat dort eine gute Stelle gefunden. Da sie ihre Lebensführung zwar nicht an die große Glocke hängen, aber auch nicht verstecken, kommt es bald zu Klatsch, was schnell Folgen zeigt. Eveline, die geglaubt hatte, ein gutes Verhältnis zu einigen Frauen in der Nachbarschaft zu haben, wird immer mehr »geschnitten«. Harry bekommt in der Firma Anspielungen zu hören. Als er einmal einen Mitarbeiter kritisieren mußte, bekam er zu hören: »Sie mit ihrem lockeren Lebenswandel brauchen nicht an anderen herumzumeckern.« Harry und Eveline werden von den Leuten im Ort auch kaum eingeladen. Geschieht es doch einmal, sprechen die meisten nur das Nötigste mit ihnen. Wollen sie jemand einladen, sagt man ihnen ab, oft mit fadenscheinigen Begründungen. Die Kinder bekommen in der Schule Anspielungen zu hören, eines wird ausgelacht. Harry und Eveline denken schon daran, wieder wegzuziehen. Vor allem Eveline plädiert dafür, der Kinder wegen. Harry will bleiben und kämpfen.
Eine solche Situation entsteht leicht, wenn man als Fremde in einen kleineren Ort zieht. Fällt man dann noch irgendwie auf, ist die Ablehnung vorprogrammiert. Man kann davon ausgehen, daß die Leute andere Gründe finden würden, wenn die offene Ehe nicht wäre. Allerdings findet man auch in einem kleinen Ort immer Leute, die nicht gleich denken wie die anderen und schon etabliert sind. Diese muß man suchen und sich mit ihnen anfreun-

den. Wenn das passiert ist, kann es bei den anderen Eindruck machen.

Werden die Kinder angefeindet, muß man sich dagegen wehren und sich fragen, was die wahren Ursachen sind. Kinder können grausam sein und stoßen andere manchmal aus völlig irrationalen Gründen aus. Irgendwelche Gründe werden dann vorgeschoben. In einem solchen Fall kann man mit dem Lehrer, der Lehrerin oder der Schulbehörde sprechen. Es gehört zur Aufgabe der Lehrer, alle Kinder in die Gemeinschaft der Schüler zu integrieren. Allerdings müssen die Eltern energisch Einspruch erheben, wenn Lehrer oder Schulpsychologen die Schuld bei dem Kind, das ausgelacht wird, suchen. Allenfalls müssen sie auch Vorwürfe zurückweisen, daß sie durch ihre Lebensführung an einem auffälligen Verhalten des Kindes schuld seien oder daß sie das Kind falsch erziehen würden. Natürlich können alle Eltern gelegentlich Erziehungsfehler machen. Außerdem kann sich jedes Kind manchmal falsch oder auffällig verhalten. Aber das ist keine Rechtfertigung dafür, daß es von anderen ausgestoßen oder ausgelacht wird und die Lehrer das zulassen.

Jedenfalls gilt auch für gesellschaftliche Konflikte eines: Sich erpressen oder unter Druck setzen zu lassen bringt nichts. Man gerät im Gegenteil in einen Teufelskreis von Selbstverleugnung. Eine positive Haltung ist, diskret und, wenn nötig, ehrlich zu sein. Wer zu seinen Handlungen stehen kann, den kann man nicht erpressen und nur schwer unter Druck setzen.

Harry und Eveline haben beschlossen, daß sie in ihrer Kleinstadt bleiben und ihre Probleme lösen wollen. Das haben sie auch geschafft. Zuerst hat Eveline sich mit einer Nachbarin angefreundet, die ihr immer aufgeschlossen vorkam. Die machte ihr denn auch eines Tages das Geständnis: »Ich habe euch eigentlich immer bewundert und mich nur zurückgehalten, weil alle anderen es auch taten.« Sie lädt Harry und Eveline zu einer Party ein. Die Leute sind beeindruckt, die beiden bei dieser Frau zu treffen, die im Ort ein großes Ansehen genießt, und sind zumindest freundlich. Gleichzeitig freundete sich Harry mit einem Kollegen im Betrieb an, der eine politische Position in der Gemeinde hat. Er plant gerade eine Bürgerinitiative und fordert Harry auf, mitzumachen. Da Harry mit dem Ziel einverstanden ist, tut er dies auch und gewinnt dadurch Sympathien. Eveline spricht mit den Lehrern über die Kinder. Dabei stellt sich heraus, daß zwei von ihnen sich schon ganz gut integriert haben. Das dritte würde vielleicht ein wenig länger brauchen, aber mit etwas gutem Willen könnte das auch klappen. Jedenfalls schaffen es Harry und Eveline, trotz ihrer offenen Ehe in einigen Jahren angesehene Bürger der Ortschaft zu werden.

Kein Happy-End, aber positive Neuanfänge

Wer mehrere harmonische Partnerschaften und deren wesentliche Probleme gelöst hat, kann sich glücklich schätzen. Allerdings darf man sich keinesfalls auf den Lorbeeren ausruhen. Diese Situation ist kein Happy-End, bei dem man wie im Märchen sagen kann: »Und sie lebten glücklich und in Frieden ...« Wer mehrere Partnerschaften hat, muß sie pflegen – wie eine monogame Beziehung. Außerdem können neue Beziehungen hinzukommen oder eine bestehende aufgelöst werden. So ergeben sich immer wieder Neuanfänge. Das ist nicht immer einfach, aber sehr wertvoll und lohnend.

Literaturverzeichnis

Deschner, Karlheinz: Das Kreuz mit der Kirche. Eine Sexualgeschichte des Christentums. Düsseldorf 1974.

Durant, Will und Ariel: Kulturgeschichte der Menschheit. 18 Bde. München 1977–1979.

Fehrenbach, Oskar: »Geht die Ehe unter?« In: Sonntag aktuell, 14.02.1993.

Füller, Ingrid: Eine Affäre in Ehren oder Warum Frauen Verhältnisse haben. Reinbek 1992.

Hite, Shere: Das sexuelle Erleben der Frau. Bindlach 1990.

Hite, Shere: Das sexuelle Erleben des Mannes. Bindlach 1991.

Hohler, August E.: Ist das alles? Zürich 1980.

Hüper, Anke. Artikel in: Psychologie heute, 5/1986.

Kaplan, Louise J.: Weibliche Perversionen. Hamburg 1991.

O'Neill, Nena und George: Die offene Ehe. Reinbek 1975.

Oberrauter, Rudolf: Die Honigfalle der Liebe. Das Janusgesicht des Seitensprungs. München 1992.

Otto, Rainer: »Kann High-tech-Medizin fordernd sein?« In: Blick durch die Wirtschaft, 22.12.1992.

Siegert, Werner: Mehr Lebensenergie. Selbst-Management und Liebe. München 1991.

Stern, Felix: Wer befreit die Männer? Berlin 1991.

Vaerting, Mathilde: Männerstaat und Frauenstaat. [1]1921, München [3]1979.

Van de Velde, Benno Konegen: Die vollkommene Ehe. Leipzig und Stuttgart 1928.

Vilar, Esther: Das polygame Geschlecht. München 1987.

Welter-Enderlin, Rosmarie: Paare, Leidenschaft und Langeweile. Männer und Frauen in Zeiten des Übergangs, München 1992.

Zenz, Helmut und Manok, Gabriele: Aids-Handbuch. Bern 1989.